講談社 火の鳥 伝記文庫

細菌《さいきん》をさがせ

野口英世《のぐちひでよ》

滑川道夫《なめかわみちお》 文
藤原徹司《ふじはらてつじ》 絵

JN223985

はじめに

磐梯山《ばんだいさん》が姿《すがた》をうつす、猪苗代湖《いなわしろこ》のほとり。
雪《ゆき》にうもれる、かやぶきの家《いえ》に生《う》まれた野口英世《のぐちひでよ》。
思《おも》いがけない大《おお》やけどで、
不自由《ふじゆう》になった左手《ひだりて》をからかわれながら、
歯《は》を食《く》いしばって、医学《いがく》への道《みち》をこころざし、
ついに世界的《せかいてき》な細菌学者《さいきんがくしゃ》となりました。
英世《ひでよ》は、
お母《かあ》さんの深《ふか》い愛情《あいじょう》につつまれ、
心《こころ》のやさしい人《ひと》たちに出会《であ》い、
新《あたら》しい西洋医学《せいよういがく》とふれあうなかで、
未来《みらい》をその手《て》にたぐりよせていったのです。

英世《ひでよ》はけっして、完全《かんぜん》な人《ひと》ではありません。
失敗《しっぱい》をしたり、あやまちをおかしたり、
まわりの人《ひと》に、たびたび迷惑《めいわく》をかけています。
人間《にんげん》の弱《よわ》さをもった人《ひと》でした。
けれど、英世《ひでよ》は自分《じぶん》の使命《しめい》に、いつも、
全力《ぜんりょく》でぶつかっていきました。
失敗《しっぱい》も、あやまちもおそれません。
そんな英世《ひでよ》だからこそ、
人類《じんるい》の見《み》えない敵《てき》とたたかうことができたのです。
ニューヨークの墓石《はかいし》には、こうきざまれています。
「ヒデヨ・ノグチは、科学《かがく》のために一身《いっしん》をささげ、
人類《じんるい》のために生《い》き、人類《じんるい》のために死《し》んだ。」
さあ、英世《ひでよ》の歩《あゆ》んだ道《みち》をたどってみましょう。

もくじ

1　負《ま》けじだましい

やさしいお母《かあ》さん

一日中《いちにちじゅう》、磐梯山《ばんだいさん》は、吹雪《ふぶき》であれていました。夏《なつ》ならば山《やま》の影《かげ》をうつす猪苗代湖《いなわしろこ》も、すっかり雪《ゆき》でけむり、いつもの年《とし》よりも、早《はや》くきびしい冬《ふゆ》がきていました。

「なんて、ひどい雪《ゆき》だろう。このぶんじゃあ、今年《ことし》は大雪《おおゆき》だ。」

雪《ゆき》だるまのようにまっ白《しろ》になって、日暮《ひぐ》れの街道《かいどう》を急《いそ》ぐ女《おんな》の人《ひと》がありました。

猪苗代湖《いなわしろこ》のほとりにある、福島県耶麻郡三ツ和村《ふくしまけんやまぐんみつわむら》（現在《げんざい》の猪苗代町《いなわしろまち》）の三城潟《さんじょうがた》というところの、野口《のぐち》シカでした。いまから140年《ねん》ほどまえの明治《めいじ》9（1876）年《ねん》11月末《がつまつ》のことでした。

「おう、おまえはおシカさんではねえか。もう歩《ある》きまわって、だいじょうぶかい。」

村《むら》の曲《ま》がり角《かど》まできたとき、シカは、近《ちか》くのお百姓《ひゃくしょう》さんに声《こえ》をかけられました。

「これはこれは……いつもお世話《せわ》になって……。」

シカは、ていねいに頭《あたま》をさげました。ときどき、お米《こめ》などをかしてくれる、親切《しんせつ》なお百姓《ひゃくしょう》さんでした。

「おまえさん、その体《からだ》ではたらきにいったのではあるめえな。赤《あか》んぼうが生《う》まれてまもないっていうのに……。」

「へえ、つい、ことわりきれなかったもんで……。」

シカは、悪《わる》いことをしたようにうつむきました。

「ふうむ。おまえさんをもうはたらかせて、おやじさんはなにをしているだ。酒《さけ》ばっかりくらって、のらくらしているんだろ。すこしはうちのことも考《かんが》えろ、と言《い》ってやるがいいや……。ところで、お祝《いわ》いにも行《い》かねえが、赤《あか》んぼうは元気《げんき》かい。名前《なまえ》はなんといったかな。」

「へえ、清作《せいさく》……清作《せいさく》とつけました。今月《こんげつ》の9日《ここのか》に生《う》まれました。」

「ほう、清作《せいさく》……野口清作《のぐちせいさく》だな。うん、いい名前《なまえ》だ。いまにおまえさんに似《に》て、働《はたら》き者《もの》になるぜ。大《おお》きくなったら楽《たの》しみだ。」

シカは子《こ》どもをほめられ、自分《じぶん》を待《ま》ちかねている赤《あか》んぼうの清作《せいさく》を思《おも》いだしました。あいさつもそこそこにすますと、また、雪《ゆき》の中《なか》をわが家《や》へと帰《かえ》っていきました。

シカの家《いえ》は三《み》ツ和村《つわむら》で、これほどびんぼうな家《いえ》はないというほど、まずしいくらしをしていました。むこにむかえた夫《おっと》の佐代助《さよすけ》が、たいへんなお酒飲《さけの》みだからです。人《ひと》はごくよいのですが、お酒《さけ》なしでは、半日《はんにち》もいられないほどで、そのため、畑仕事《はたけしごと》もなまけがちになり、だんだん、田畑《たはた》を売《う》りはらい、びんぼうになってしまったのです。

シカはしかたなく、子《こ》どもが生《う》まれてまもないというのに、もう、はたらきに出《で》かけているしまつでした。

「あ、おっかあだ。おかえり、おっかあ。」

シカが家《いえ》の前《まえ》で雪《ゆき》をはらっている音《おと》を聞《き》いて、清作《せいさく》の姉《ねえ》さんで、二つになるイヌがとびだしてきました。

「おイヌ、よく、お留守《るす》ができたなあ。」

シカは、イヌの頭《あたま》をなでてやりながら、すぐ清作《せいさく》のところへ行《い》って、清作《せいさく》をだきあげました。

いじこという、わらであんだ赤《あか》んぼうのゆりかごの中《なか》で、清作《せいさく》は何時間《なんじかん》もねかされていて、ぐずっていました。お母《かあ》さんだとわかると、あまえた声《こえ》で、声《こえ》をはりあげて泣《な》きだしました。

「さあさあ、シカ。すこしあたたまれや。」

おばあさんは、シカのために、ちょろちょろとしたいろりの火《ひ》をかきたててくれました。

シカは、清作《せいさく》に乳《ちち》をふくませながら、ふっとため息《いき》をもらしました。

お父《とう》さんの佐代助《さよすけ》は、今日《きょう》もどこかでお酒《さけ》を飲《の》んでいるのでしょう。まだ、帰《かえ》ってきていません。

シカは、どんなにまずしくても、どんなに苦《くる》しい、つらい仕事《しごと》がつづいても、イヌと清作《せいさく》を、大切《たいせつ》に守《まも》って育《そだ》てました。

清作《せいさく》は、やさしいお母《かあ》さんのおかげで、だんだん大《おお》きくなっていきました。

そして、もう、なんでも食《た》べられるようになりました。いじこからはいだして、いつのまにか、お母《かあ》さんのひざもとへはっていくようにさえなりました。

シカは、そんな清作《せいさく》がかわいくてなりません。いそがしい手《て》を休《やす》め、あやしたり、だきあげたりしながら、

「ああ、ありがたいことだ。こうして、ぶじに親子《おやこ》がくらせるのも、中田《なかだ》の観音《かんのん》さまのおかげだ、お情《なさ》けだ。」

と、いつもお参《まい》りしている、村《むら》はずれの観音《かんのん》さまのほうを向《む》いて、お礼《れい》を言《い》うのでした。

左手《ひだりて》の大《おお》やけど

清作《せいさく》が生《う》まれて、2年目《ねんめ》の春《はる》のことでした。

働《はたら》き者《もの》のシカは、体《からだ》がいくつあっても足《た》りないほど、いそがしくなりました。春《はる》がおそいこのあたりでは、雪《ゆき》がとけると、すぐ田植《たう》えが始《はじ》まるからです。

「ねこの手《て》もかりたくなるというころだ。おまえも、もうちっと大《おお》きければ、おっかあのお手《て》つだいもできるが、まだすこし早《はや》いようじゃ。そのかわり、おばばの言《い》うことをようく聞《き》いて、しっかり留守番《るすばん》をしてておくれ。清作《せいさく》をよく見《み》てやってな。」

シカは、毎朝早《まいあさはや》く、イヌにそう言《い》いのこして、となり近所《きんじょ》の野良仕事《のらしごと》の手《て》つだいに出《で》かけていきました。

お父《とう》さんの佐代助《さよすけ》も、こういそがしくては、遊《あそ》んでもいられません。ほかの村《むら》の農《のう》家《か》へ、とまりがけではたらきに出《で》かけていきました。

その日《ひ》も、シカはいつものように、日暮《ひぐ》れごろ、田打《たう》ちにつかれて、家《いえ》へ帰《かえ》ってきました。

「おそいなあ、おっかあ……。」

おなかをすかしていたイヌが、鼻声《はなごえ》で言《い》いました。シカは、よりつくイヌをなだめながら、すぐ、晩《ばん》ごはんのしたくにかかりました。

このごろ、すっかり体《からだ》も弱《よわ》ってきたおばあさんは、となりの部屋《へや》でねているのか、コトリとも音《おと》が聞《き》こえません。シカは、土間《どま》のほうから背《せ》のびをして、清作《せいさく》のいじこをのぞきました。

「おとなしいと思《おも》ったら、清作《せいさく》はねているんだね。」

シカはそう言《い》いながら、火《ひ》ののこるいろりになべを運《はこ》び、自在《じざい》かぎ〔1〕にかけました。そうして、シカはイヌといっしょに、家《いえ》の裏《うら》の畑《はたけ》へ出《で》ていきました。しるの実《み》

〔1〕いろりの火《ひ》で煮《に》たきするとき、なべややかんをかけて上《うえ》からつるすための道具《どうぐ》。

の菜《さい》がないので、とりにいったのです。と、まもなくです。

「ぎゃああ。」

と、かん高《だか》い清作《せいさく》の泣《な》き声《ごえ》です。シカは、びっくりしました。泣《な》き声《ごえ》が、ただごとではないのです。

「あれえっ。」

シカは家《いえ》の中《なか》へかけこむなり、思《おも》わずさけびました。

家中《いえじゅう》に、灰《はい》が立《た》ちのぼっていて、いろりの中《なか》に、清作《せいさく》が転《ころ》がりおちて、泣《な》きわめいているではありませんか。

シカは、気《き》もくるいそうになって、清作《せいさく》をさっとだきあげました。着物《きもの》や手足《てあし》の火《ひ》を、大急《おおいそ》ぎでふりはらいました。

シカたちが、ちょっと、裏《うら》の畑《はたけ》へ行《い》ったあいだに、清作《せいさく》は目《め》をさまし、いじこからはいだして、いろりに落《お》ちたのでしょう。

「ああ、どうしよう……どうしよう。」

シカは、清作《せいさく》の焼《や》けただれた左手《ひだりて》をにぎって、外《そと》へとびだしました。清作《せいさく》は、ただ手足《てあし》をばたばたさせながら、のどが引《ひ》きさけるように、泣《な》きさけんでいます。

「こ、こりゃあ、たいへんだ。み、み、みそをつけろ。みそがやけどにきくんだ。」

「薬《くすり》だ、薬《くすり》だ。」

「ええい、医者《いしゃ》は遠《とお》いし、こりゃあ、えれえことになったぞ。」

となり近所《きんじょ》の人《ひと》がかけつけてきて、たいへんなさわぎになりました。

シカは、しっかりと清作《せいさく》をだきしめながら、

「どうぞ、清作《せいさく》をお助《たす》けくださいまし。やけどで死《し》ぬことのないように、どうぞ、お守《まも》りくださいまし。」

と、中田《なかだ》の観音《かんのん》さまにおいのりをしつづけていました。

そして、近所《きんじょ》の人《ひと》が持《も》ってきてくれたやけどの薬《くすり》を、べっとりと、清作《せいさく》の手《て》と足《あし》にぬりつけてやりました。清作《せいさく》の小《ちい》さな左手《ひだりて》は、赤《あか》く焼《や》けただれ、もう、水《みず》あめのようにふくれあがっていました。

「ゆるしておくれ、清作《せいさく》。おっかあが悪《わる》いんだ。みんな、おっかあが悪《わる》いんだ。ああ、もうすこし気《き》をつけていればよかったのに……。悪《わる》かった、悪《わる》かった。」

シカは、まだひいひいと泣《な》いている清作《せいさく》に、わびながら言《い》いました。

そして、自分《じぶん》たちの村《むら》が、お医者《いしゃ》さんのいる町《まち》から遠《とお》くはなれていることと、もし、お医者《いしゃ》さんにみせても、そのお金《かね》がはらえないほど、びんぼうぐらしをしていることを、このときくらい、うらめしく思《おも》ったことはありませんでした。

シカはその晩《ばん》から、夜《よる》もねないで、清作《せいさく》のやけどの看病《かんびょう》に当《あ》たりました。

そのお母《かあ》さんのおかげで、やけどのために死《し》ぬかと思《おも》われた清作《せいさく》は、幸《さいわ》いにも、命《いのち》をとりとめることができました。

「ありがとうございました。みなさんのお情《なさ》けで、どうやらなおりかけてきました。ありがとうございます、ありがとうございます。」

見舞《みま》いによってくれる村《むら》の人《ひと》びとに、お母《かあ》さんがいくらか笑顔《えがお》で言《い》えるようになったのは、あのおそろしい日《ひ》から、21日《にち》もたってからのことでした。

けれど、シカは、夜《よる》もおちおちねていないので、目《め》がまっ赤《か》にはれあがり、ものを見《み》ることができなくなっていました。

やがて、清作《せいさく》のやけどはすっかりなおりました。

しかし、なおったとはいえ、左手《ひだりて》の指《ゆび》は、すっかりくっついたままです。まるで、松《まつ》の木《き》のこぶのようになり、手首《てくび》から先《さき》は赤黒《あかぐろ》く引《ひ》きつれていました。そして、親指《おやゆび》は手首《てくび》のほうに、ほかの4本《ほん》の指《ゆび》は、みんなてのひらにくっついてしまっていました。

びんぼうと不自由《ふじゆう》な手《て》

左手《ひだりて》が不自由《ふじゆう》になっても、清作《せいさく》は元気《げんき》な子《こ》どもでした。人《ひと》よりも小柄《こがら》でしたが、いつもにこにこして、だれからもかわいがられていました。

その清作《せいさく》のなかよしは、代《だい》ちゃんでした。

「代《だい》ちゃん、遊《あそ》ぼうよ。」

と、いつも、となりの松島屋《まつしまや》の代《だい》ちゃんを、朝早《あさはや》くからさそいにいきました。

松島屋《まつしまや》は、この村《むら》では大《おお》きな農家《のうか》で、また、宿屋《やどや》もしていました。そこの代《だい》ちゃんの野口代吉《のぐちだいきち》は気立《きだ》てもやさしく、年《とし》も同《おな》じぐらいだったのです。

ふたりは湖《みずうみ》へ行《い》って、小《ちい》さな魚《さかな》をすくったり、林《はやし》へ入《はい》って虫《むし》を追《お》いまわしたりして遊《あそ》びました。けれど、清作《せいさく》も代吉《だいきち》も、いつもふたりきりではつまりません。村《むら》の同《おな》じ年《とし》ごろの子《こ》どもと、鬼《おに》ごっこをしたり、かくれんぼうをしたりして遊《あそ》ぶようになりました。

今日《きょう》も清作《せいさく》は、代《だい》ちゃんといっしょに、みんなの仲間入《なかまい》りをして、鬼《おに》ごっこをしていました。

「もう一《いっ》ぺん、じゃんけんで鬼《おに》を決《き》めよう。さあ、1、2、3。」

「ようし、1、2、3。」

みんなは、鬼《おに》を決《き》めるため、てんでに指《ゆび》で、はさみ（チョキ）や石《いし》（グー）や紙《かみ》

（パー）を出《だ》しました。

「ちぇっ、また負《ま》けか。いいかい、もう一度《いちど》、やりなおしだぞ。」

さっきから何度《なんど》やっても負《ま》けるのは、まさちゃんでした。みんなより三つほど年上《としうえ》の2年生《ねんせい》でした。

「今度《こんど》はな、左手《ひだりて》でやろう。右手《みぎて》なしだ。」

まさちゃんは、清作《せいさく》のほうを見《み》て、くすっとわらいました。

「だって……左手《ひだりて》も右手《みぎて》も同《おな》じだよ。」

左手《ひだりて》を使《つか》えない清作《せいさく》が言《い》いました。

「だめだめ、左手《ひだりて》だ。右手《みぎて》を使《つか》っちゃ、鬼《おに》だぞ。」

まさちゃんは、もう一度《いちど》、みんなに目《め》くばせをしました。みんなは、わかったというように、うなずきました。

「さあ、今度《こんど》でおしまいだ。1、2、3。」

まさちゃんの声《こえ》で、清作《せいさく》はしぶしぶ、棒《ぼう》のようになっている左手《ひだりて》を出《だ》しました。

「ほうら、清《せい》ちゃんの負《ま》けだ。」

まさちゃんが、いばって言《い》いました。みんな、そろって、指《ゆび》で紙《かみ》（パー）を出《だ》したからです。

「そ、そ、そんなのずるいよう。」

清作《せいさく》は、泣《な》きそうになって言《い》いました。

気《き》の弱《よわ》い代《だい》ちゃんは、どっちに味方《みかた》しようかと、おろおろしていました。けれど、まさちゃんたちは、清作《せいさく》の言《い》うことなど聞《き》いてはくれません。

「わあい、清《せい》ちゃんの鬼《おに》だあ。かくれろう。」

ばらばらっと、子《こ》どもたちは、あっちの木《き》のかげ、こっちの石《いし》のかげなどに、急《いそ》いでかくれました。

清作《せいさく》はみんながいじわるで自分《じぶん》を鬼《おに》にしたので、ぷんとして、さっさと家《いえ》へ帰《かえ》りかけました。

「わあ、ずるいぞ、ずるいぞ。負《ま》けたからって帰《かえ》るのかあ。」

「清作《せいさく》のてんぼう。おまえの手《て》は棒《ぼう》みだいだ。指《ゆび》なしのてんぼうやあい。てんぼうだ、てんぼうだ。」

「びんぼう、てんぼう、びんぼう、てんぼう。びんぼうだから、お医者《いしゃ》さんに行《い》かれなくて、てんぼうになったんだぞ。」

清作《せいさく》が相手《あいて》にしないとわかると、まさちゃんたちはいっせいにひやかしました。なかには、調子《ちょうし》にのって、石《いし》を投《な》げつける者《もの》もいました。

清作《せいさく》はくやしくて、歯《は》を食《く》いしばり、どんどん、どんどんかけだしました。みんなの声《こえ》のしない、だれもこない湖《みずうみ》の外《はず》れまできて、清作《せいさく》は、ずるっと、水《みず》ばなをすりあげました。

「ぼくの左手《ひだりて》は、みんなとちがうんだ。ぼくは右手《みぎて》しか使《つか》えないんだ。」

清作《せいさく》は、ぽろぽろとなみだをこぼしました。

いままで、何度《なんど》、てんぼう、てんぼうとひやかされ、ばかにされてきたことでしょう。

清作《せいさく》はそれを思《おも》うと、また、はなをすすり、ぐっとなみだをこらえました。それなのに、なみだはまるで流《なが》れるように、ほおをぬらすのでした。

清作《せいさく》は、だんだん友《とも》だちと遊《あそ》ばなくなりました。いつも左手《ひだりて》をふところに入《い》れたり、帯《おび》の下《した》につっこんだり、後《うし》ろにかくしたりするようになりました。

「清作《せいさく》。おまえ、体《からだ》でも悪《わる》いのではないかえ。」

このごろ、急《きゅう》に、口《くち》をきかなくなった清作《せいさく》に、お母《かあ》さんは不思議《ふしぎ》に思《おも》ってたずねました。

けれど清作《せいさく》は、ただだまって、首《くび》をふるばかりです。お母《かあ》さんは、清作《せいさく》がだまればだまるほど、心配《しんぱい》でなりません。いろいろ問《と》いつめていくうちに、やっと、みんなから、てんぼう、てんぼうと、ののしられていることがわかりました。

「ああ、知《し》らなかった。ゆるしておくれよ、清作《せいさく》。おっかあが気《き》がつかなくて、悪《わる》かった。おまえが学校《がっこう》へ行《い》くまでには、町《まち》の先生《せんせい》に、手《て》をなおしてもらうつもりでいたんだよ。だけど、そのお金《かね》もなかなかできなくて、とうとう、いまになってしまって……。清作《せいさく》、おっかあはきっと、おまえの手《て》をなおしてみせるよ。」

お母《かあ》さんは、なみだをいっぱいうかべて言《い》いました。

お父《とう》さんはあいかわらず、仕事《しごと》をなまけて、お酒《さけ》を飲《の》みあるいてばかりいます。そのお父《とう》さんの分《ぶん》まで背負《せお》って、お母《かあ》さんは、おばあさんやイヌや清作《せいさく》をかかえてくらしているのですから、生《い》きているのが不思議《ふしぎ》なくらいです。とても、清作《せいさく》の手《て》をなおすことなどはできなかったのです。

お母《かあ》さんは、その夜《よる》ひと晩中《ばんじゅう》、清作《せいさく》のことでねむれませんでした。

（そうだ。清作《せいさく》は、あの手《て》ではとても、畑仕事《はたけしごと》はできやしない。あの子《こ》にできるものは、かた手《て》でできる仕事《しごと》か、学問《がくもん》よりほかにはない。幸《さいわ》い、負《ま》けずぎらいなところもあるし、いまにきっと、いたずら小僧《こぞう》たちを、学問《がくもん》のほうで見返《みかえ》してくれるときが来《く》るわ。）

お母《かあ》さんは、やっとそう考《かんが》えつきました。

けれど、すぐにまた、顔《かお》をくもらせました。今年《ことし》、小学校《しょうがっこう》にあがるのに、お金《かね》がないため、まだ、準備《じゅんび》がととのわないのです。

(わたしは、もっともっと、はたらかなければいけないんだ。そして、りっぱに、清《せい》作《さく》を学校《がっこう》へ通《かよ》わせるようにしなければならない。)

お母《かあ》さんは、昼間《ひるま》のくやしいこともわすれ、すうすうと、気持《きも》ちよさそうにねむっている清作《せいさく》と、姉《あね》のイヌの寝顔《ねがお》を見《み》ながら、かたく心《こころ》にちかうのでした。

小《ちい》さな先生《せんせい》

春《はる》4月《がつ》、清作《せいさく》は、心《こころ》をはずませ、三《み》ツ《つ》和《わ》小学校《しょうがっこう》に入学《にゅうがく》しました。清作《せいさく》が6歳《さい》のときで、明治《めいじ》16(1883)年《ねん》のことです。

「しっかり、勉強《べんきょう》するんだぞ。」

「うん。松島屋《まつしまや》さんと二瓶《にへい》さんのおじさん、ありがとう。」

清作《せいさく》は、はじめて学校《がっこう》へ行《い》く日《ひ》、にこにこして、松島屋《まつしまや》さんと、村《むら》の庄屋《しょうや》(村《むら》をまとめる立場《たちば》の人《ひと》）の二瓶《にへい》さんにお礼《れい》を言《い》いました。

二瓶《にへい》さんたちは、お母《かあ》さんのシカが一生懸命《いっしょうけんめい》はたらいているのに、清作《せいさく》の学校《がっこう》で使《つか》う筆《ふで》や、すみや本《ほん》などが買《か》えないので、かわりに、ひとそろい買《か》ってくれたからです。

清作《せいさく》は、みんなとならぶと、背《せ》はずいぶんひくいほうでした。けれど清作《せいさく》は、そんなことを気《き》にもしていません。毎日《まいにち》、学校《がっこう》へ行《い》けるのがうれしいのです。朝《あさ》になると、代吉《だいきち》といっしょに、よろこびいさんで学校《がっこう》へ出《で》かけていきました。

ところが、その学校《がっこう》も、ひと月《つき》、ふた月《つき》とたつうちに、清作《せいさく》は、わざとおそく行《い》ったり、かくれて、こっそり休《やす》んだりするようになりました。

「どうだね、学校《がっこう》はおもしろいかね。おまえは、なにがいちばんすきだね。算術《さんじゅつ》（算《さん》数《すう》）かい、習字《しゅうじ》かい。先生《せんせい》はこわいかい。」

お母《かあ》さんは、夜《よる》、つくろいものをしながら、たびたび清作《せいさく》にたずねました。

「うん。算術《さんじゅつ》も習字《しゅうじ》も、あまりすきじゃない。」

清作《せいさく》は、そのたびにぎくっとして、お母《かあ》さんの顔《かお》をそっとぬすみ見《み》しました。ほとんど学校《がっこう》へ行《い》かなくなっていた清作《せいさく》は、学校《がっこう》のことを聞《き》かれるのが、なによりもつらいのです。顔《かお》や手《て》にすみをつけて、学校《がっこう》へ行《い》ってきたようなふりをしたこともあるからです。

でも、お母《かあ》さんは、清作《せいさく》がずる休《やす》みをしたりしていることなど、すこしも知《し》りません。

あいかわらず、せっせと男《おとこ》に負《ま》けない働《はたら》きをして、清作《せいさく》やイヌが大《おお》きくなるのを、楽《たの》しみにしていました。

その清作《せいさく》が、ある晩《ばん》、思《おも》いがけなく、お母《かあ》さんにこう言《い》いました。

「おっかあ、おれは学校《がっこう》へ行《い》かんぞ。学校《がっこう》へ行《い》かず、どじょうとりをして、うちのためにはたらくつもりだ。」

「な、なんだって、どじょうとりをするって……?」

お母《かあ》さんは、わら仕事《しごと》の手《て》を止《と》めて、清作《せいさく》のほうへ向《む》きなおりました。

「そうじゃ。おっかあが、おれたちのために、朝《あさ》はようから夜《よる》おそうまで、一生懸命《いっしょうけんめい》はたらいているのを、だまって見《み》てるわけにはいかん。おれも、おっかあを助《たす》けて、はたらくつもりじゃ。」

清作《せいさく》もきちんとすわりなおして、言《い》いました。

（まあ、この子《こ》はいつのまに、そんな大人《おとな》のような考《かんが》えをするようになったのだろう。）

お母《かあ》さんは、親思《おやおも》いの清作《せいさく》のやさしい心《こころ》に、ほろりとなりました。けれど、急《いそ》いで首《くび》をふりました。

「いいえ、清作《せいさく》、よくお聞《き》き。おまえが、このまえから、どじょうとりをしていることは、うすうす気《き》がついていました。いつか、おまえの考《かんが》えを聞《き》こうと思《おも》っていましたが、おっかあは、おまえがそんなことをしてくれても、ちっともありがたくない。うれしくもない。おまえが学問《がくもん》をして、りっぱな人《ひと》になってほしいと、いつも、そのことばかりねがっているのです。

野良仕事《のらしごと》をしていては、とても、昔《むかし》の野口《のぐち》の家《いえ》のように、りっぱになれやしない。立《た》ちなおらないのです。そのため、おっかあは、おまえに学問《がくもん》で身《み》を立《た》ててもらいたいばっかりに、つらい働《はたら》きもがまんしているのです。どじょうとりをする時間《じかん》があったら、なぜ、もっと勉強《べんきょう》をしようとしないのです。」

きびしいお母《かあ》さんの言葉《ことば》を、清作《せいさく》はうつむいたまま、だまって聞《き》いていました。

「でも、なあ、おっかあ……。」

清作《せいさく》は、そう言《い》ってから、また、口《くち》をつぐみました。

「言《い》ってごらん、清作《せいさく》。どうしてなの。」

「学校《がっこう》でおれのことを、てんぼう、てんぼうと、からかったり、ばかにするんじゃ。」

「なに。まだ、そんなことを言《い》うやつがいるのか。」

お母《かあ》さんの顔《かお》は、くやしそうにゆがみました。けれど、すぐに、きっとなって、

「清作《せいさく》、おっかあはさっき、なんと言《い》った。いつまでおまえは、そんないたずら小僧《こぞう》に負《ま》けているのです。なぜ、そんな子《こ》を、勉強《べんきょう》で負《ま》かしてやろうとしないのです。お

まえの手《て》を、てんぼうと言《い》うやつは、これから先《さき》、大《おお》きくなっても、いくらだっているにちがいない。そのたびに、めそめそしたり、ひねくれたり、学校《がっこう》をやめたりしてはどうなるのです。おまえのどじょうとりをしようという考《かんが》えは、よくわかりました。明日《あす》から、ちゃんと学校《がっこう》へ行《い》くのです。」

清作《せいさく》は、うす暗《ぐら》い部屋《へや》で、くちびるをかんで、いつまでもうつむいていました。どれくらい、時間《じかん》がたったでしょうか。

清作《せいさく》は、学校《がっこう》をなまけていた自分《じぶん》が、だんだんはずかしくなってきました。勉強《べんきょう》は大《だい》すきですが、休《やす》み時間中《じかんちゅう》に、みんなからばかにされたりするのがいやだったのです。

清作《せいさく》は、お母《かあ》さんに心配《しんぱい》をかけたことを、すまなく思《おも》いました。

「おっかあ、おれ、悪《わる》かったな。勉強《べんきょう》をするよ――。うん、あんなやつらに負《ま》けてなんかいないよ。負《ま》けるもんか。」

「そうとも。そうだとも、清作《せいさく》。」

お母《かあ》さんは、ほっとしたように、清作《せいさく》の両手《りょうて》をかたくにぎりしめました。

そのあくる日《ひ》から、清作《せいさく》は、一日《いちにち》も休《やす》まず学校《がっこう》へ通《かよ》うようになりました。人《ひと》がかわったように、一生懸命勉強《いっしょうけんめいべんきょう》にはげみました。

「てんぼう、てんぼうと、言《い》いたいだけ言《い》うがいいや。おれは勉強《べんきょう》をして、えらくなるんだ。なあに、負《ま》けるもんか。負《ま》けるもんか。」

清作《せいさく》の勉強《べんきょう》ぶりは、まもなく、学校中《がっこうじゅう》の評判《ひょうばん》になりました。

清作《せいさく》をひやかしたり、泣《な》かしたりしていたいたずら小僧《こぞう》たちは、首《くび》をかしげました。そればかりか、清作《せいさく》のほうがよく勉強《べんきょう》ができるようになって、しまいには、清作《せいさく》を見《み》ると、こそこそとにげだしていきました。

やがて、上《うえ》の学年《がくねん》に進《すす》んで、尋常科《じんじょうか》4年生《ねんせい》になったときには、とうとう清作《せいさく》は、組《くみ》で1番《ばん》になってしまいました。

「生長《せいちょう》」といって、学校《がっこう》の生徒《せいと》の代表《だいひょう》にえらばれ、先生《せんせい》の手《て》つだいをしたり、かわりに、1、2年生《ねんせい》などを教《おし》えるようにさえなりました。

「ほほう。清作《せいさく》が先生《せんせい》さまになった。なんとまあ、小《ちい》さな先生《せんせい》さまだろう。ほほほほほ。」

お母《かあ》さんは、清作《せいさく》が「生長《せいちょう》」になったことを、だれよりもよろこんでくれました。

高等小学校《こうとうしょうがっこう》

清作《せいさく》は、尋常科《じんじょうか》4年生《ねんせい》を卒業《そつぎょう》（当時《とうじ》の尋常小学校《じんじょうしょうがっこう》は4年《ねん》で卒業《そつぎょう》。年齢《ねんれい》では現在《げんざい》の小学《しょうがく》1年《ねん》から4年《ねん》にあたる）すると、引《ひ》きつづき、勉強《べんきょう》をつづけるために、その上《うえ》の温習科《おんしゅうか》（尋常科《じんじょうか》の上《うえ》に温習科《おんしゅうか》が1年《ねん》あった）へ進《すす》みました。清作《せいさく》が11歳《さい》のときで、明治《めいじ》21（1888）年《ねん》のことです。

「野口《のぐち》の清作《せいさく》は、温習科《おんしゅうか》でも『生長《せいちょう》』で、先生《せんせい》の代《か》わりになって、子《こ》どもたちの勉強《べんきょう》を見《み》ているそうだ。えらいもんだなあ。」

「なにしろ、尋常科《じんじょうか》を出《で》るとき、あまりに成績《せいせき》がよいので、福島《ふくしま》の役所《やくしょ》から、ごほうびが出《で》たくらいだ。先生《せんせい》もこのごろじゃ、清作《せいさく》にまかせっぱなしだというぜ。」

村《むら》の人《ひと》は、てんぼうと言《い》って、ばかにした清作《せいさく》が、だんだん自分《じぶん》たちの子《こ》どもを引《ひ》きはなして、よく勉強《べんきょう》ができるようになったので、感心《かんしん》したり、うらやましがったりしていました。

この年《とし》の7月《がつ》、清作《せいさく》たちの家《いえ》の裏《うら》にそびえる磐梯山《ばんだいさん》が、急《きゅう》に火《ひ》をふいて、大爆発《だいばくはつ》をしました。幸《さいわ》い、清作《せいさく》たちの三《み》ツ和村《つわむら》は、ぐらぐらと地面《じめん》がゆれただけですみましたが、ほかの村《むら》では、家《いえ》がこわれたり、人《ひと》がおおぜい死《し》んだりしました。

この磐梯山《ばんだいさん》の大爆発《だいばくはつ》が、温習科《おんしゅうか》で勉強《べんきょう》していたあいだに起《お》こった、大《おお》きな事件《じけん》でした。

やがて、翌年《よくねん》の春《はる》3月《がつ》、温習科最後《おんしゅうかさいご》の試験《しけん》である、卒業試験《そつぎょうしけん》の日《ひ》が近《ちか》づきました。

「清作《せいさく》や、落《お》ちついて、しっかり答案《とうあん》を書《か》くんだよ。あわてたりしちゃだめだよ。」

朝《あさ》、学校《がっこう》へ行《い》くとき、お母《かあ》さんと姉《ねえ》さんが、清作《せいさく》に言《い》いました。

「だいじょうぶさ。」

清作《せいさく》は、わらって答《こた》えました。

負《ま》けるもんか、みんなに負《ま》けやしないぞ、と、負《ま》けじだましいで、何度《なんど》も何度《なんど》もおさらいをしていたので、清作《せいさく》は落《お》ちついた気持《きも》ちでした。

思《おも》ったとおり、筆記試験《ひっきしけん》はよくできました。あとは、ひとりひとり先生《せんせい》に会《あ》って、先生《せんせい》の問《と》いに答《こた》える試験《しけん》です。

順々《じゅんじゅん》に番《ばん》がまわって、いよいよ、清作《せいさく》の番《ばん》になりました。さすがに清作《せいさく》は、足《あし》がふるえ、のどがからからにかわいてしまいました。

先生《せんせい》たちの部屋《へや》へ入《はい》ると、

「……野口清作君《のぐちせいさくくん》だね。……うん、かけたまえ。きみの答案《とうあん》を先生方《せんせいがた》で見《み》たが、どれもみんなよくできていた。受《う》け持《も》ちの先生《せんせい》に聞《き》いたが、きみは『生長《せいちょう》』だそうだね。」

そう言《い》ってたずねたのは、つめえりの洋服《ようふく》を着《き》たりっぱな先生《せんせい》でした。この先生《せんせい》のほかにも、羽織《はおり》・はかま姿《すがた》の先生《せんせい》が、三、四人《にん》ならんでいました。

温習科《おんしゅうか》の卒業試験《そつぎょうしけん》には、特別《とくべつ》に、となりの町《まち》の猪苗代高等小学校《いなわしろこうとうしょうがっこう》の先生《せんせい》などがきて、試験《しけん》をするのが、決《き》まりになっていたからです。

清作《せいさく》は、先生方《せんせいがた》から、いままで習《なら》ったことや、左手《ひだりて》の大《おお》やけどのことなどを、いろいろと聞《き》かれましたが、どれにも落《お》ちついて、はきはきと答《こた》えました。

「ところで、野口清作君《のぐちせいさくくん》。きみは、これからどうする考《かんが》えだね。上《うえ》の学校《がっこう》へ行《い》くつもりかね。」

洋服《ようふく》の先生《せんせい》がたずねました。

清作《せいさく》は口《くち》ごもりました。

卒業《そつぎょう》をしたら、その上《うえ》の高等小学校《こうとうしょうがっこう》（年齢《ねんれい》では現在《げんざい》の小学《しょうがく》5年《ねん》から中学《ちゅうがく》2年《ねん》まで。温習《おんしゅう》科《か》の1年《ねん》を経《へ》て進学《しんがく》する者《もの》もいる）へ行《い》きたいという気持《きも》ちはありましたが、とても、そんなことは、お母《かあ》さんに相談《そうだん》できません。お母《かあ》さんはいままでよりも、もっともっとはたらかなければ、高等小学校《こうとうしょうがっこう》へ行《い》くだけのお金《かね》がかせげないからです。

「……は、はい。ぼく、まだ、どうしたらよいか、決《き》めていません。わかりません。」

しばらくして、清作《せいさく》はやっとそれだけ答《こた》えました。

洋服《ようふく》の先生《せんせい》は、そのまえに、清作《せいさく》のことや、清作《せいさく》の考《かんが》えなどを、受《う》け持《も》ちの先生《せんせい》に聞《き》いておられたのでしょう。何度《なんど》もうなずきながら、最後《さいご》にこう言《い》いました。

「ふうむ。そうか……まあ、よろしい……それでは野口君《のぐちくん》、ひまがあったら、二、三日中《にちちゅう》にでも、先生《せんせい》の家《いえ》へきてみないか。わたしは、猪苗代高等小学校《いなわしろこうとうしょうがっこう》の小林栄《こばやしさかえ》という者《もの》だ。」

清作《せいさく》には、そのことがなんのことかわかりません。家《いえ》に帰《かえ》って、お母《かあ》さんに話《はな》しましたが、お母《かあ》さんにも見当《けんとう》がつきません。

「まさか、温習科《おんしゅうか》の卒業試験《そつぎょうしけん》に落《お》ちて、もう一度《いちど》やりなおしじゃあるまいね。」

「そんなことあるもんか。だって、ぼくが温習科《おんしゅうか》の卒業生《そつぎょうせい》の代表《だいひょう》になって、先生方《せんせいがた》や、お祝《いわ》いにきてくれる人《ひと》に、お礼《れい》を言《い》うんだよ。先生《せんせい》がそう言《い》っていたもの。そのぼくが、試験《しけん》に落《お》ちるはずがないよ。」

清作《せいさく》たちは、そう話《はな》しながら、それでも、3日《みっか》ほどたつと、となり町《まち》の、猪苗代町《いなわしろまち》の小林栄先生《こばやしさかえせんせい》の家《いえ》をたずねました。

「やあ、よくきた。お母《かあ》さんもごいっしょだね。さあさあ、どうぞ。」

待《ま》っていた小林先生《こばやしせんせい》は、清作《せいさく》とお母《かあ》さんを、奥座敷《おくざしき》へ案内《あんない》しました。

そして、あらためて、清作《せいさく》がこれから上《うえ》の学校《がっこう》へ行《い》きたいかどうか、また、清作《せいさく》の家《いえ》のくらし向《む》きなどを、いろいろと聞《き》きました。

「なるほど……それで、よくわかりました。これまで、清作君《せいさくくん》をよくお育《そだ》てになりましたね。清作君《せいさくくん》も、お母《かあ》さんの言《い》いつけを守《まも》ってよく勉強《べんきょう》をしてきた。すばらしい成《せい》績《せき》だ。そこで、先生《せんせい》から相談《そうだん》がある。きみは、先生《せんせい》の学校《がっこう》の猪苗代高等小学校《いなわしろこうとうしょうがっこう》へ入《はい》って勉強《べんきょう》しないか。なに、そんなにおどろくことはない。先生《せんせい》が、きみの学資《がくし》を出《だ》してあげよう。」

「え、学資《がくし》を?」

清作《せいさく》とお母《かあ》さんは、びっくりしました。

「ははは。ほんとうだとも。きみのような少年《しょうねん》は勉強《べんきょう》をすればするほど、ぐんぐんのびるのだ。ここで勉強《べんきょう》をおしまいにしてしまうことは、なんとしても残念《ざんねん》なことだ。

高等小学校《こうとうしょうがっこう》へ入《はい》って、しっかり勉強《べんきょう》したまえ。お母《かあ》さんも、いかがでしょう。およばずながら、わたしが清作君《せいさくくん》の面倒《めんどう》をみさせていただきますが……。」

小林先生《こばやしせんせい》は、清作《せいさく》とお母《かあ》さんに言《い》いました。

「は、はい。ありがとうございます、先生《せんせい》。」

「先生《せんせい》さま、もったいのうございます。」

清作《せいさく》とお母《かあ》さんは、ぽろぽろうれしなみだをこぼしました。

そばで聞《き》いていた小林先生《こばやしせんせい》の奥《おく》さんも、清作《せいさく》に、はげましの言葉《ことば》をかけてくれました。

やがて、清作《せいさく》はすぐれた成績《せいせき》で、温習科《おんしゅうか》を卒業《そつぎょう》すると、猪苗代高等小学校《いなわしろこうとうしょうがっこう》へ入学《にゅうがく》しました。明治《めいじ》22（1889）年《ねん》4月《がつ》、清作《せいさく》はそのとき、12歳《さい》になっていました。

清作《せいさく》の作文《さくぶん》

猪苗代高等小学校《いなわしろこうとうしょうがっこう》は、村《むら》から往復《おうふく》12キロメートルほどはなれたところにありました。

そのころとしては、まだめずらしいガラス窓《まど》が教室《きょうしつ》にはめてあり、机《つくえ》といすもならんでいるなど、なかなか新《あたら》しい学校《がっこう》でした。

「なんと、あの学校《がっこう》はハイカラなんだろう。」

「ハイカラなはずよ。猪苗代高等小学校《いなわしろこうとうしょうがっこう》といえば、猪苗代町《いなわしろまち》とこのあたりの8つの村《むら》に、たったひとつしかない学校《がっこう》だ。地主《じぬし》さんか、町《まち》の金持《かねも》ちの子《こ》どもでないと、入《はい》れない学校《がっこう》だ。」

近《ちか》くの村《むら》の人《ひと》びとは、そう言《い》いながら、わざわざお弁当《べんとう》を持《も》って、学校《がっこう》を見《み》にくるほどでした。

その猪苗代高等小学校《いなわしろこうとうしょうがっこう》へ、村《むら》でいちばんびんぼうな家《いえ》の清作《せいさく》が入学《にゅうがく》したのですから、みんながおどろくのもむりもないことです。

「佐代助《さよすけ》さんもおシカさんも、ろくろく、その日《ひ》のごはんも食《た》べられないというのに、なんで、息子《むすこ》を学校《がっこう》へあげたんだろう。」

「ここらの子《こ》どもは、せいぜい尋常小学校《じんじょうしょうがっこう》へ行《い》くのがせいいっぱいだ。それがあの子《こ》は、温習科《おんしゅうか》だ、その次《つぎ》は高等小学校《こうとうしょうがっこう》だ。おおかた、おシカさんの考《かんが》えだろうが、まあ、あきれた話《はなし》よ。」

清作《せいさく》が、毎朝毎朝《まいあさまいあさ》、学校《がっこう》へ行《い》く姿《すがた》を見《み》て、村《むら》の人《ひと》は、畑仕事《はたけしごと》の手《て》を休《やす》めて、そんな話《はなし》をしました。

けれど、お母《かあ》さんは、いちいち、そんなうわさなどとりあってはいられません。

清作《せいさく》は清作《せいさく》で、大雨《おおあめ》の日《ひ》も、大風《おおかぜ》の日《ひ》も、大雪《おおゆき》の日《ひ》も、一日《いちにち》として学校《がっこう》を休《やす》んだことがありません。

お母《かあ》さんもまた、清作《せいさく》が学校《がっこう》へ通《かよ》うようになって、よけい、はたらくことに張《は》り合《あ》いが出《で》たのでしょう。はたらいても家《いえ》にお金《かね》を入《い》れず、自分《じぶん》で使《つか》ってしまうお父《とう》さんの分《ぶん》まで、どんどんはたらきました。

1年《ねん》たち、また1年《ねん》がすぎさりました。

清作《せいさく》は、むずかしい英語《えいご》の教科書《きょうかしょ》も、すらすらと読《よ》めるようになりました。漢字《かんじ》ばかりの漢文《かんぶん》の本《ほん》も、つっかえずに、前《まえ》へ前《まえ》へと進《すす》むことができました。数学《すうがく》もよく頭《あたま》に入《はい》りました。

そして、夜《よる》になると、きまって、となりの松島屋《まつしまや》さんへ勉強《べんきょう》をさせてもらいに出《で》かけました。

なかよしの代《だい》ちゃんこと代吉《だいきち》が、清作《せいさく》と同《おな》じ高等小学校《こうとうしょうがっこう》へ通《かよ》っていたためと、もうひとつには、清作《せいさく》の家《いえ》は、ランプの油《あぶら》も買《か》えないほどまずしかったので、ふろたきやそうじの手《て》つだいをしながら、夜《よる》だけ、勉強《べんきょう》をさせてもらいにいっていたのです。

「清《せい》ちゃんの勉強《べんきょう》ぶりには、ぼく、感心《かんしん》してしまうなあ。いまに清《せい》ちゃん、体《からだ》をこわすよ。」

夜《よる》も12時《じ》、1時《じ》ごろまで、数学《すうがく》や理科《りか》や英語《えいご》の勉強《べんきょう》をしている清作《せいさく》に、代吉《だいきち》は感心《かんしん》して言《い》いました。

「だいじょうぶさ、これぐらい。だって、ナポレオン〔2〕をごらんよ。一日《いちにち》に3時《じ》間《かん》しかねむらなかったんだよ。」

「ぼくたち、ナポレオンじゃないよ。そんなことをしたら、ねむくてねむくて、こまってしまうよ。」

「ははは。ぼくは平気《へいき》さ。なぜって、左手《ひだりて》にやけどしたから、もうねむくないのさ。」

「どうして……それ、どうしてなの?」

代吉《だいきち》は目《め》を丸《まる》くしました。

「だってさ、もうねむくならないおきゅうをしたようなもんだからさ。」

清作《せいさく》が言《い》うと、代吉《だいきち》ははらをかかえてわらいました。

その清作《せいさく》にも、あまり得意《とくい》でない学科《がっか》がありました。図画《ずが》と習字《しゅうじ》です。

「ぼく、左手《ひだりて》が不自由《ふじゆう》だろう。だから、えんぴつをうまくけずれないし、習字《しゅうじ》のときだって、左手《ひだりて》で紙《かみ》をおさえてなきゃならないだろう。うまく書《か》けないんだ。」

清作《せいさく》は残念《ざんねん》そうに、代吉《だいきち》や、組《くみ》の中《なか》で親《した》しい八子弥寿平《やごやすへい》君《くん》・秋山義次《あきやまよしじ》君《くん》などに、こっそりと打《う》ちあけることがありました。

けれど、このふたつのほかは、人《ひと》の何倍《なんばい》も勉強《べんきょう》をし、努力《どりょく》もしていたので、いつも、よい成績《せいせき》をとっていました。

清作《せいさく》が4年《ねん》になった2学期《がっき》のことです。

あるとき、清作《せいさく》は、すきな題《だい》で作文《さくぶん》を書《か》きました。

ところが、その作文《さくぶん》は、受《う》け持《も》ちの小林先生《こばやしせんせい》をはじめ、校長先生《こうちょうせんせい》、そのほかの先生《せんせい》方《がた》を、すっかり泣《な》かせてしまいました。


［2］１７６９～１８２１年《ねん》。１７９９年《ねん》にクーデターを起《お》こして政治《せいじ》の主導権《しゅどうけん》をにぎり、１８０４年《ねん》、フランスの皇帝《こうてい》となった。侵略戦争《しんりゃくせんそう》をつぎつぎと行《おこな》い、ヨーロッパを征《せい》服《ふく》したが、ロシア遠征《えんせい》の失敗《しっぱい》をきっかけに１８１４年《ねん》退位《たいい》。最後《さいご》は島流《しまなが》しにされた。

清作《せいさく》が小《ちい》さなときから、てんぼう、てんぼうと、みんなからいじめられてきたこと、くっついている指《ゆび》を、ナイフで一本一本切《いっぽんいっぽんき》りはなしたいと思《おも》ったことなど、つらい思《おも》い出《で》を書《か》いた作文《さくぶん》だからでした。

「野口清作《のぐちせいさく》は、いままで、こんな悲《かな》しい思《おも》いをしてきた少年《しょうねん》だったのか。てんぼう、てんぼうと言《い》われ、ずいぶんつらかったことだろう。よく、たえしのんできたものだ。」

「そうですとも。普通《ふつう》の子《こ》どもには、とてもできることではありません。なんとか、あの棒《ぼう》のようになった手《て》をなおして、もとどおりにしてやりたいものですね。」

「それはいいことを言《い》ってくださった。手術《しゅじゅつ》してなおせるものなら、ぜひ、わたしたちでお金《かね》を出《だ》しあって、なおしてやろうじゃありませんか。」

先生方《せんせいがた》の間《あいだ》で、だれ言《い》うとなく、そんな話《はなし》になりました。

「それなら、若松《わかまつ》の町《まち》で、さいきん開業《かいぎょう》した渡部鼎《わたなべかなえ》というお医者《いしゃ》さんがいます。なかなか、外科《げか》の手術《しゅじゅつ》がじょうずだという評判《ひょうばん》です。」

ひとりの先生《せんせい》が言《い》いました。

「そりゃあ、もってこいだ。ぜひ、その渡部先生《わたなべせんせい》にみてもらうとして、まず、お金《かね》だ。お金《かね》を集《あつ》めようじゃありませんか。」

「賛成《さんせい》、よろこんで出《だ》しますよ。」

先生《せんせい》たちは、1円《えん》、2円《えん》と出《だ》しあって、10円《えん》ほどのお金《かね》が集《あつ》まりました。

清作《せいさく》の組《くみ》の者《もの》たちも、この話《はなし》を先生《せんせい》から聞《き》いて、心《こころ》を打《う》たれました。

「ぼくらも、野口清作君《のぐちせいさくくん》のためにお金《かね》を出《だ》しあおうじゃないか。」

「うん。ぼくたちのおこづかいを出《だ》して、野口君《のぐちくん》の手《て》をなおしてあげよう。」

4年《ねん》から3年《ねん》へ、そして2年《ねん》、1年《ねん》と、全校生徒《ぜんこうせいと》は、みんな5銭《せん》とか10銭《せん》とか、すこしずつおこづかいを持《も》ちよりました。それに先生《せんせい》の分《ぶん》をくわえると、なんとか手術《しゅじゅつ》をするだけのお金《かね》が集《あつ》まりました。

清作《せいさく》は、夢《ゆめ》ではないかと、とびあがるほどよろこびました。そして、こんなにまで、温《あたた》かく自分《じぶん》を愛《あい》してくれる先生《せんせい》や同級生《どうきゅうせい》や下級生《かきゅうせい》のいることを、しみじみと幸《しあわ》せに思《おも》うのでした。

なおった手《て》

若松町《わかまつちょう》(現在《げんざい》の会津若松市《あいづわかまつし》)は、猪苗代町《いなわしろまち》から20キロメートルほどはなれたところにありました。渡部鼎先生《わたなべかなえせんせい》は、そこで、会陽医院《かいよういいん》という病院《びょういん》を開《ひら》いている、外科《げか》のお医者《いしゃ》さんでした。

「渡部先生《わたなべせんせい》は、アメリカの大学《だいがく》で外科《げか》の勉強《べんきょう》をして、それからヨーロッパをまわってこられた方《かた》だ。この先生《せんせい》くらいじょうずにみる人《ひと》は、東京《とうきょう》だって、そういねえそうだ。」

渡部先生《わたなべせんせい》の名《な》を聞《き》いて、このあたりの人《ひと》はもちろん、遠《とお》くの山奥《やまおく》から、はるばるやってくる人《ひと》もいて、病院《びょういん》はいつも満員《まんいん》でした。

清作《せいさく》も、先生《せんせい》に教《おそ》わって、若松町《わかまつちょう》の会陽医院《かいよういいん》へ出《で》かけました。そして、院長《いんちょう》の渡部《わたなべ》先生《せんせい》に、左手《ひだりて》の大《おお》やけどのあとを診察《しんさつ》してもらいました。

「これは、そうとうな大《おお》やけどだ。しかし、手術《しゅじゅつ》をしたとしても、5本《ほん》の指《ゆび》にはなるが、普通《ふつう》の人《ひと》の指《ゆび》のようにはならないかもしれないね。」

「はい、でも、物《もの》をつかむことぐらいはできるでしょうか。」

「そりゃあ、うまくいけば、つかめるようにはなるかもしれない。やってみるかね。」

「はい。お願《ねが》いいたします、先生《せんせい》。」

普通《ふつう》の人《ひと》のようにはならなくても、てんぼうではなくなるのです。そればかりか、物《もの》をつかめるようになれるかもしれません。そうなれば、みんなが体操《たいそう》のときにやっている鉄棒《てつぼう》も、できるにちがいありません。

清作《せいさく》はそう考《かんが》えただけでも、もう、胸《むね》がわくわくしてきました。

その日《ひ》はいったん家《いえ》へ帰《かえ》ると、清作《せいさく》はまず、お母《かあ》さんにこのことを話《はな》しました。いろいろ心配《しんぱい》してくださっている小林先生《こばやしせんせい》や友《とも》だちなどにも、話《はなし》をつたえました。みんなは、清作《せいさく》の手《て》がなおると聞《き》いて、自分《じぶん》のことのようによろこんでくれました。

2日《ふつか》ほどして、清作《せいさく》はもう一度《いちど》、渡部先生《わたなべせんせい》のところへ出《で》かけました。手術《しゅじゅつ》を受《う》けるためです。

「よし、手術《しゅじゅつ》をやってみるって……、よろしい。なあに、麻酔《ますい》の注射《ちゅうしゃ》をするから、そう、いたくはないさ。いまに見《み》たまえ。ちゃんと、物《もの》が5本《ほん》の指《ゆび》でつかめるようになるから……。」

渡部先生《わたなべせんせい》は、いくらか、かたくなっている清作《せいさく》の気持《きも》ちをときほぐすように言《い》いました。

清作《せいさく》は、手術《しゅじゅつ》がこわいという気持《きも》ちよりも、自分《じぶん》の5本《ほん》の指《ゆび》ができる喜《よろこ》びで、なにを言《い》われても、頭《あたま》に入《はい》らないようでした。

手術《しゅじゅつ》は思《おも》ったより早《はや》くすみ、それに大成功《だいせいこう》でした。

「よく、がまんをした。えらいぞ、きみは。」

額《ひたい》にあぶらあせをうかべ、じっと、いたいのをこらえている清作《せいさく》を、先生《せんせい》はやさしくいたわってくれました。

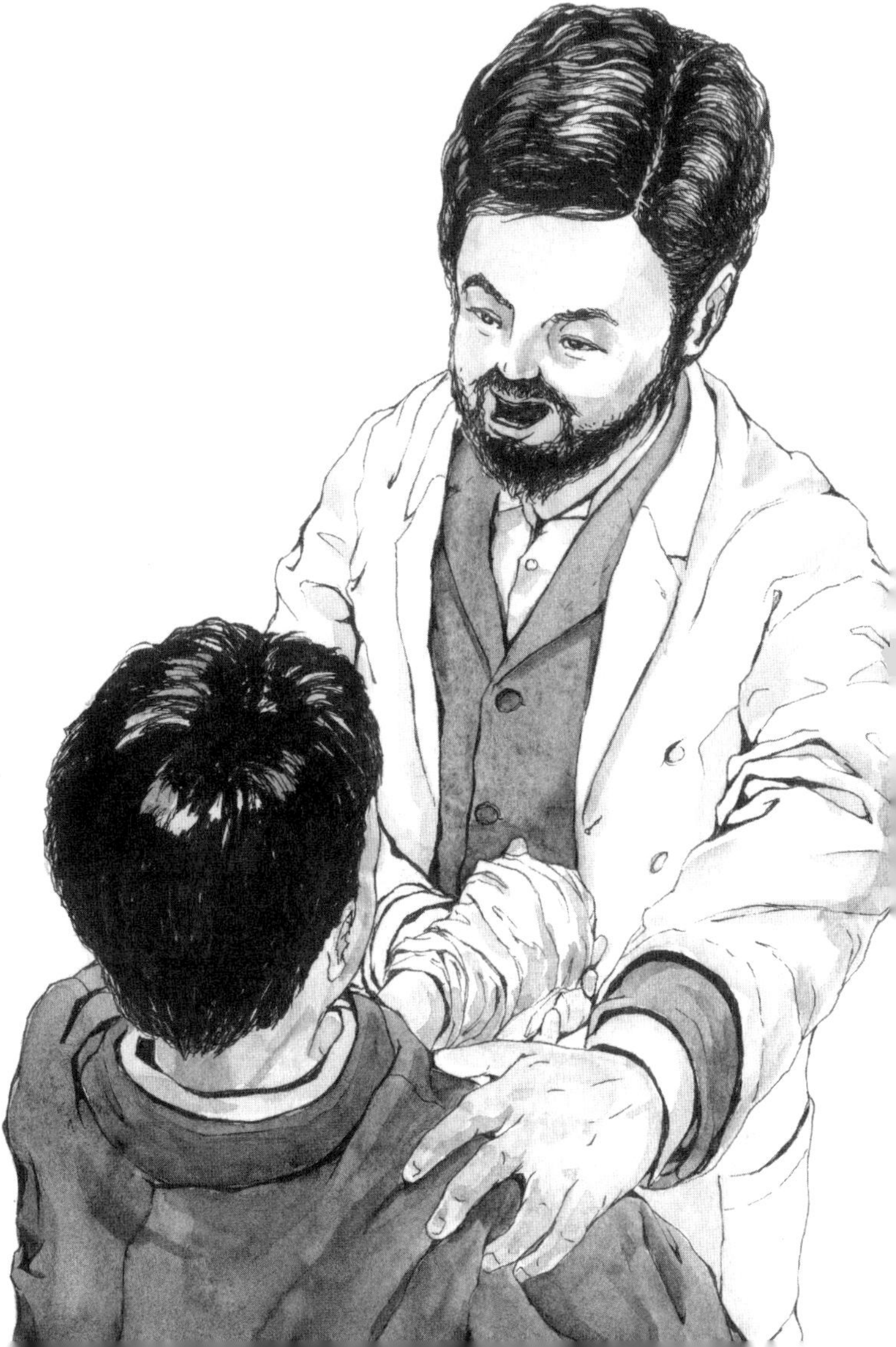

先生《せんせい》もまた、こぶのようになった手《て》から、指《ゆび》を一本一本《いっぽんいっぽん》、メスで切《き》りはなすという大手術《だいしゅじゅつ》をやってのけたあとなので、さすがにほっとしたようすでした。

このことは、手術《しゅじゅつ》に立《た》ちあった友《とも》だちの秋山君《あきやまくん》から、すぐ、お母《かあ》さんのところへ知《し》らされました。

「まあ、ぶじに手術《しゅじゅつ》がすみましたか。ありがとうございます。ありがとうございます。」

お母《かあ》さんは、知《し》らせを受《う》けたとき、いつもおがんでいる観音《かんのん》さまに、一生懸命《いっしょうけんめい》おいのりをしている最中《さいちゅう》でした。

お母《かあ》さんは、秋山君《あきやまくん》に、まるで手術《しゅじゅつ》をしてくれた先生《せんせい》のように、何度《なんど》も何度《なんど》もそう言《い》って、お礼《れい》をくりかえすのでした。

やがて、清作《せいさく》の手《て》は、渡部先生《わたなべせんせい》の手当《てあ》てを受《う》け、ぶかっこうながら、一本一本《いっぽんいっぽん》の指《ゆび》が、動《うご》くようになりました。もう、てんぼうではありません。

清作《せいさく》とお母《かあ》さんは、小林先生《こばやしせんせい》や渡部先生《わたなべせんせい》、それに学校《がっこう》の先生方《せんせいがた》、友《とも》だちなどに手術《しゅじゅつ》をしてもらった手《て》を見《み》せながら、お礼《れい》を言《い》ってまわりました。

その清作《せいさく》も、年《とし》が明《あ》けると、いよいよ4年間《ねんかん》の高等小学校《こうとうしょうがっこう》を終《お》え、はたらくか、それとも、もっと上《うえ》の学校《がっこう》へ行《い》くかを決《き》めなければなりません。

みんなは、教室《きょうしつ》のストーブのまわりにかたまって、その話《はなし》に夢中《むちゅう》になっていました。

「ぼくは東京《とうきょう》へ行《い》って、中学校《ちゅうがっこう》へ入《はい》るつもりだ。」

「ぼくもそうさ。東京《とうきょう》のおじさんの家《いえ》に下宿《げしゅく》をして、学校《がっこう》へ行《い》くんだ。」

「そうか。それじゃあ、東京《とうきょう》で会《あ》えるな。」

秋山君《あきやまくん》たちのうれしそうな話《はなし》を聞《き》くたびに、清作《せいさく》はだんだん、じっとしていられなくなりました。

(ぼくだって、きみたちに負《ま》けないで、上《うえ》の学校《がっこう》へ行《い》って、勉強《べんきょう》をするぞ。負《ま》けてなんかいないぞ。)

清作《せいさく》は心《こころ》の奥《おく》で、なにを、ぼくだって……と、ぎりぎり歯《は》ぎしりをしていました。

けれど、いままで勉強《べんきょう》をしてこられたのも、みんな、小林先生《こばやしせんせい》が学資《がくし》を出《だ》してくださったおかげです。これ以上《いじょう》、先生《せんせい》に学資《がくし》を出《だ》してもらうわけにはいきません。また、どうにかこうにかくらしているお母《かあ》さんに、とても上《うえ》の学校《がっこう》へあげてほしいとはたのめません。

清作《せいさく》は心《こころ》の中《なか》で、あれこれとまよっているうちに、卒業式《そつぎょうしき》はだんだんとせまってきました。

お医者《いしゃ》さんの卵《たまご》

3月《がつ》のある寒《さむ》い日《ひ》でした。小林先生《こばやしせんせい》は、清作《せいさく》をよぶと、こう言《い》ってたずねました。

「みんなのように、きみを上《うえ》の学校《がっこう》へ入《い》れてあげたいと思《おも》うのだが、なにしろ、先生《せんせい》も月給《げっきゅう》の少《すく》ない小学校《しょうがっこう》の教員《きょういん》でね、上《うえ》の学校《がっこう》まで面倒《めんどう》をみてあげられないのが残念《ざんねん》だ。しかし、野口君《のぐちくん》、きみもこれから先《さき》の考《かんが》えがあるだろう。できることなら、先生《せんせい》も力《ちから》になってあげよう。きみの考《かんが》えを、話《はな》してごらん。」

「はい、ありがとうございます。ぼく、いろいろ考《かんが》えたのですが、大《おお》きくなったら、お医者《いしゃ》さんになりたいと思《おも》います。」

「お医者《いしゃ》さん？」

「はい、ぼくの手《て》をなおしてくれたようなお医者《いしゃ》さんです。そして、ひとりで医者《いしゃ》になる勉強《べんきょう》をしようと思《おも》います。」

「ふうむ、独学《どくがく》で医者《いしゃ》になるか。なるほど、それはよい考《かんが》えだぞ。」

先生《せんせい》は、何度《なんど》もうなずいていましたが、しばらくすると、

「そうだ。それでは、こうしてみてはどうだろう。きみの手《て》を手術《しゅじゅつ》してくださった、若松《わかまつ》の渡部鼎先生《わたなべかなえせんせい》がいいかもしれない。たしか、あの病院《びょういん》では、四、五人《にん》、お医者《いしゃ》さんの卵《たまご》の書生《しょせい》がいるはずだ。わたしからたのんであげるが、渡部先生《わたなべせんせい》なら、きっと、きみを引《ひ》きうけてくださるよ。」

「お願《ねが》いします、先生《せんせい》。ぼく、やっと安心《あんしん》しました。……ぼく、そうしたら、独学《どくがく》

で、かならず、りっぱな医者《いしゃ》になってみせます。」

清作《せいさく》は、うれしさにほおを赤《あか》くそめながら、きっぱりと答《こた》えました。

それからまもなく、清作《せいさく》は優等《ゆうとう》の成績《せいせき》で、思《おも》い出多《でおお》い猪苗代高等小学校《いなわしろこうとうしょうがっこう》を卒業《そつぎょう》することとなりました。

清作《せいさく》が16歳《さい》のときで、明治《めいじ》26（1893）年《ねん》3月《がつ》のことです。

そして、その年《とし》の5月《がつ》、清作《せいさく》は、若松《わかまつ》の渡部鼎先生《わたなべかなえせんせい》の会陽医院《かいよういいん》の書生《しょせい》となることができました。

書生《しょせい》といっても、おもに下働《したばたら》きの仕事《しごと》です。お客《きゃく》さんがあると、先生《せんせい》にとりついだり、庭《にわ》のそうじをしたり、ふろたき・ふきそうじ・使《つか》い走《ばし》りなど、なんでもやらされました。

清作《せいさく》には、どれもみんななれた仕事《しごと》ばかりでした。これぐらいの仕事《しごと》は、まずしいくらしをしてきた清作《せいさく》には、なんでもないことでした。

それよりも、清作《せいさく》の望《のぞ》みは、はたらきながら、医者《いしゃ》になるための勉強《べんきょう》をすることです。

「いまに見《み》ていろ。ぼくは医者《いしゃ》になって、成功《せいこう》するんだ。負《ま》けてなんかいないぞ。」

清作《せいさく》の目《め》にうかぶのは、上級学校《じょうきゅうがっこう》へ進《すす》んだ、友《とも》だちのうれしそうな顔《かお》です。清作《せいさく》はその友《とも》だちの顔《かお》を頭《あたま》の中《なか》で打《う》ちけしながら、夜《よる》おそくまで、英語《えいご》やドイツ語《ご》や、医学《いがく》の本《ほん》を読《よ》んだりしていました。

「野口《のぐち》ってやつは、へんなやつだな。おれたちが遊《あそ》ぼうとさそっても、勉強《べんきょう》をしますからって、いつもことわりやがる。」

「そうなんだ。まるで、試験勉強《しけんべんきょう》でもするように、本《ほん》ばかり読《よ》んでいる。」

清作《せいさく》が、わずかな時間《じかん》もおしんで、本《ほん》を読《よ》もうとすることが、古《ふる》くからいる書生《しょせい》たちには、おもしろくないのでしょう。

清作《せいさく》はだんだん、仲間外《なかまはず》れにされていきました。けれど、院長《いんちょう》の渡部先生《わたなべせんせい》だけは、清作《せいさく》の学問《がくもん》にはげもうとするひたむきな気持《きも》ちを、よくわかっていてくれました。

「野口《のぐち》。おまえは、今度《こんど》、2階《かい》の部屋《へや》へうつるがよい。ひとりではさびしいだろうから、吉田喜一郎《よしだきいちろう》といっしょだ。」

「ありがとうございます。吉田君《よしだくん》なら、毎晩《まいばん》、英語《えいご》やドイツ語《ご》の勉強相手《べんきょうあいて》です。よろしくお願《ねが》いをいたします。」

なんでもよく知《し》っておられる先生《せんせい》のはからいに、清作《せいさく》はうれしく思《おも》いました。

その晩《ばん》から、清作《せいさく》は仕事《しごと》が終《お》わると、2階《かい》の部屋《へや》へうつり、吉田喜一郎《よしだきいちろう》といっしょに勉強《べんきょう》を始《はじ》めました。

吉田《よしだ》も、清作《せいさく》と同《おな》じように、熱心《ねっしん》に勉強《べんきょう》をするほうなので、ふたりは競争《きょうそう》するように、外国語《がいこくご》や医学《いがく》の本《ほん》を読《よ》みました。けれど、夜《よる》の2時《じ》、3時《じ》になって、やっとふとんにもぐる清作《せいさく》には、吉田《よしだ》はとてもかないません。

「野口君《のぐちくん》はよくつづくなあ。ぼくと同《おな》じように英語《えいご》を始《はじ》めても、いつのまにか、ぐんとぬいてしまうんだもの。」

「ははは。そんなことはないよ。ぼくだって、きみにはずいぶん教《おそ》わっているよ。」

「いや、ドイツ語《ご》だってそうさ。きみは頭《あたま》もいいが、努力《どりょく》をする人《ひと》だね。その努力《どりょく》には、ぼくはかなわないよ。」

吉田《よしだ》ばかりでなく、院長《いんちょう》の渡部先生《わたなべせんせい》も、清作《せいさく》の勉強《べんきょう》ぶりには、ただただ感心《かんしん》するばかりです。

「高等小学校《こうとうしょうがっこう》の小林先生《こばやしせんせい》が、自信《じしん》をもってすすめてくれただけあって、なかなか見《み》どころのある少年《しょうねん》だ。あんなに夜《よる》、勉強《べんきょう》をしていながら、昼間《ひるま》、書生《しょせい》の仕事《しごと》はきちんとやるし、まったく感心《かんしん》なものだ。こういう真面目《まじめ》な少年《しょうねん》こそ、引《ひ》きたててやらねばならん。」

清作《せいさく》の努力《どりょく》をみとめて、渡部先生《わたなべせんせい》は、清作《せいさく》を病院《びょういん》の薬局生《やっきょくせい》に引《ひ》きたててくれました。

会陽医院《かいよういいん》の中《なか》で、病人《びょうにん》のための薬《くすり》を量《はか》ったり、まぜあわせたりする仕事《しごと》で、医者《いしゃ》の次《つぎ》に重《おも》い役目《やくめ》でした。

新《あたら》しい望《のぞ》み

明治《めいじ》29（1896）年《ねん》の7月《がつ》に、渡部先生《わたなべせんせい》の友《とも》だちで、歯医者《はいしゃ》をしている血脇守之助《ちわきもりのすけ》という先生《せんせい》が、若松《わかまつ》へやってきました。そのころ、若松《わかまつ》には、ひとりも歯医者《はいしゃ》さんがいなかったので、東京《とうきょう》から夏休《なつやす》みを利用《りよう》して、歯《は》をなおしにきてくれたのです。

その血脇先生《ちわきせんせい》は、診察《しんさつ》が終《お》わる夕方《ゆうがた》になると、きまって渡部先生《わたなべせんせい》のところへ遊《あそ》びにきました。

「やあ、あいかわらずやっているな。」

薬局室《やっきょくしつ》で、ひとり本《ほん》を開《ひら》いている清作《せいさく》に、血脇先生《ちわきせんせい》は、いつもそう声《こえ》をかけます。

その日《ひ》も、清作《せいさく》の読《よ》んでいるのが、英語《えいご》だけで書《か》かれてある本《ほん》なので、先生《せんせい》は、おやっと立《た》ちどまりました。

「きみ、これは外国《がいこく》の病理学《びょうりがく》の本《ほん》じゃないか。」

「はい、院長《いんちょう》からかりて読《よ》んでいるのです。なかなかむずかしくて、頭《あたま》に入《はい》りません。」

「ふうむ、だれから語学《ごがく》を習《なら》ったのかね。」

血脇先生《ちわきせんせい》は、いよいよ不思議《ふしぎ》に思《おも》って、たずねました。

「この町《まち》の宣教師《せんきょうし》の人《ひと》や、学校《がっこう》の先生《せんせい》などに、ときどき習《なら》っているのです。」

「しかし、こんないなかにいて、外国《がいこく》の本《ほん》を読《よ》みこなすとは、たいした勉強家《べんきょうか》だね。」

東京《とうきょう》から遠《とお》くはなれた若松《わかまつ》で、18〜19歳《さい》の少年《しょうねん》が外国《がいこく》の本《ほん》に読《よ》みふけっていることは、血脇先生《ちわきせんせい》には信《しん》じられないことでした。東京《とうきょう》でも、こんなむずかしい本《ほん》を読《よ》めるのは、医者《いしゃ》か、学者《がくしゃ》ぐらいなものです。

血脇先生《ちわきせんせい》はそのあとで、院長《いんちょう》に清作《せいさく》のことを聞《き》いて、ますます感心《かんしん》してしまいました。

「なるほど、野口《のぐち》はそういう少年《しょうねん》なのか。いや、きみも、すえたのもしい少年《しょうねん》を世話《せわ》しているじゃないか。」

「うん。わしもなんとか、あの少年《しょうねん》の希望《きぼう》を、かなえてやりたいと思《おも》っているのだ。」

渡部院長《わたなべいんちょう》は、書生《しょせい》の清作《せいさく》のことをほめられ、とてもうれしそうでした。

血脇先生《ちわきせんせい》は、そのあくる日《ひ》から、それとなく清作《せいさく》のようすを見《み》ていますと、ひじょうに真面目《まじめ》な少年《しょうねん》であることがわかりました。話《はな》してみても、ほかの書生《しょせい》より何倍《なんばい》も、薬《くすり》や診察《しんさつ》のことにくわしいのに、すっかりおどろきました。

「きみが東京《とうきょう》へ出《で》て、勉強《べんきょう》をするようなときには、ぼくの家《いえ》へよりたまえ。」

血脇先生《ちわきせんせい》は、勉強家《べんきょうか》の清作《せいさく》を元気《げんき》づけるように言《い》いました。

すると、清作《せいさく》はうれしそうに目《め》をかがやかし、

「先生《せんせい》。どうか、お願《ねが》いをいたします。ぼくもおりを見《み》て、東京《とうきょう》へ出《で》たいと思《おも》っております。どうか、そのときは、よろしくお願《ねが》いをいたします。」

と、ていねいにたのみこみました。

清作《せいさく》にとって、血脇先生《ちわきせんせい》のこの言葉《ことば》は、闇夜《やみよ》に灯《あか》りをてらされたような喜《よろこ》びでした。そして、自分《じぶん》は東京《とうきょう》へ出《で》て、医学《いがく》の勉強《べんきょう》をしようと、このとき、はっきり心《こころ》に決《き》

めました。

清作《せいさく》は、東京《とうきょう》へ行《い》くのにそなえ、一生懸命《いっしょうけんめい》医学《いがく》の勉強《べんきょう》をつづけました。若松《わかまつ》にやってきて、早《はや》くも3年《ねん》をこす年月《ねんげつ》を、渡部院長《わたなべいんちょう》のもとで送《おく》りました。16歳《さい》の少年《しょうねん》は、いまでは19歳《さい》の青年《せいねん》になっていました。

「よし、東京《とうきょう》へ行《い》って、医者《いしゃ》になれる医術開業試験《いじゅつかいぎょうしけん》を受《う》けてみよう。」

それまで、わきめもふらず医学書《いがくしょ》や語学《ごがく》にとりくんできた清作《せいさく》は、やっと試験《しけん》を受《う》けてみる自信《じしん》が出《で》てきました。清作《せいさく》は、一度心《いちどこころ》に決《き》めると、もうじっとしていられなくなるほうです。さっそく、小林先生《こばやしせんせい》に、東京行《とうきょうい》きのことを手紙《てがみ》に書《か》いて、相談《そうだん》をしました。

おりかえし、小林先生《こばやしせんせい》から、清作《せいさく》の考《かんが》えに大賛成《だいさんせい》だ、という手紙《てがみ》がとどきました。清作《せいさく》は大喜《おおよろこ》びです。渡部院長《わたなべいんちょう》にもお願《ねが》いをすると、院長《いんちょう》も、もちろん賛成《さんせい》です。

「わかい者《もの》は、それぐらいの希望《きぼう》をもたなくてはいかん。おおいに勉強《べんきょう》をしてきたまえ。血脇守之助君《ちわきもりのすけくん》には、おまえのことをくれぐれもたのむという手紙《てがみ》を書《か》いてやろう。それから、汽車賃《きしゃちん》などとして10円《えん》、わしからお祝《いわ》いとしてやろう。」
院長《いんちょう》はその晩《ばん》、書生《しょせい》たちを全部《ぜんぶ》集《あつ》めて、家中《いえじゅう》で、清作《せいさく》の東京行《とうきょうい》きをいわってくれました。

あくる日《ひ》、清作《せいさく》は3年《ねん》ぶりに、三城潟《さんじょうがた》の家《いえ》へ帰《かえ》り、まず、お母《かあ》さんに話《はな》しました。お父《とう》さんや、いまではおむこさんをもらっている姉《ねえ》さん、それから、清作《せいさく》より11年下《としした》の弟《おとうと》清三《せいぞう》にも、東京《とうきょう》へ行《い》くことを話《はな》しました。

また、しばらく村《むら》の人《ひと》たちにも会《あ》えないので、松島屋《まつしまや》の代吉《だいきち》や、猪苗代町《いなわしろまち》の小林先《こばやしせん》生《せい》のところへも、お別《わか》れのあいさつに行《い》きました。

松島屋《まつしまや》はそのころ、昔《むかし》とくらべ、ずいぶんまずしくなっていましたが、それでも代《だい》吉《きち》は、3円《えん》のせんべつをくれました。小林先生《こばやしせんせい》も、12円《えん》の月給《げっきゅう》なのに、10円《えん》も清作《せいさく》のためにお祝《いわ》いとしてくれました。

「院長《いんちょう》や、代《だい》ちゃんや、小林先生《こばやしせんせい》からいただいたお金《かね》で、東京《とうきょう》で勉強《べんきょう》するためのお金《かね》ができた。先生方《せんせいがた》のはげましにこたえるように、しっかりしなきゃあ。」

清作《せいさく》は、いつもながらやさしい先生《せんせい》や代吉《だいきち》の情《なさ》けに、つい、目頭《めがしら》が熱《あつ》くなるのでした。

その清作《せいさく》が、いよいよ、ふるさとをあとにする日《ひ》がきました。もう、どこの稲田《いなだ》も黄金色《こがねいろ》にそまり、猪苗代湖《いなわしろこ》も青《あお》くすみきっている9月《がつ》の終《お》わりでした。

小林先生《こばやしせんせい》とお母《かあ》さんは、朝早《あさはや》く村《むら》をたつ清作《せいさく》を見送《みおく》るため、村《むら》はずれまで送《おく》ってきてくれました。村《むら》から東京《とうきょう》に行《い》くには、東北本線《とうほくほんせん》の本宮駅《もとみやえき》まで、36キロメートルの長《なが》い山道《やまみち》をこえていかなければなりません。

「いつまで送《おく》ってもらっても、ほんとうにきりがありません。もう、ここでけっこうです。お別《わか》れいたします。先生《せんせい》、お母《かあ》さん、お元気《げんき》で。」

もうすこし、もうすこしと送《おく》ってくれる先生《せんせい》とお母《かあ》さんに、清作《せいさく》は、最後《さいご》のあいさつをしました。そして、もう、あともふりむかず、朝《あさ》つゆにぬれる村道《そんどう》を元気《げんき》よく歩《ある》いていきました。

清作《せいさく》の19歳《さい》のときで、明治《めいじ》29（1896）年《ねん》のことです。

2 学問《がくもん》をもとめて

東京《とうきょう》へ

清作《せいさく》は東京《とうきょう》に着《つ》くと、すぐ、安《やす》い宿屋《やどや》をさがしました。ひとまずそこに落《お》ちつくと、さっそく、10月《がつ》に始《はじ》まる医術開業試験《いじゅつかいぎょうしけん》の勉強《べんきょう》を始《はじ》めました。

医術開業試験《いじゅつかいぎょうしけん》は、前期《ぜんき》・後期《こうき》に分《わ》かれていて、清作《せいさく》は、前期《ぜんき》の試験《しけん》を受《う》けました。するど、ただの1回《かい》で、みごとにパスすることができました。

清作《せいさく》は大喜《おおよろこ》びで、渡部院長《わたなべいんちょう》・小林先生《こばやしせんせい》・お母《かあ》さんなどに知《し》らせました。

ところが、こまったことになってきました。

「野口《のぐち》さん、宿代《やどだい》は、いつごろいただけますかね。ずいぶん、たまっているのですが……。」

宿屋《やどや》のおかみさんが、とどこおっている宿代《やどだい》を、清作《せいさく》にさいそくしました。東京《とうきょう》へ出《で》てくるときの旅費《りょひ》や、参考書《さんこうしょ》などを買《か》ったりしたため、宿代《やどだい》がだんだん心細《こころぼそ》くなってきていたのです。

「もうしばらく待《ま》っててくれませんか。かならず、いなかから送《おく》ってきますから。」

清作《せいさく》は毎日《まいにち》、小《ちい》さくなっていましたが、なかなか、ふるさとからお金《かね》を送《おく》ってきません。約束《やくそく》をしてくださった渡部先生《わたなべせんせい》の都合《つごう》がつかないようなのです。

清作《せいさく》はこまってしまって、とうとう、持《も》っているお金《かね》をそっくり、宿代《やどだい》としてはらいました。

「そうだ、血脇先生《ちわきせんせい》にお願《ねが》いしてみよう。こんなときに血脇先生《ちわきせんせい》をたずねていくのははずかしいが、しかたがない。先生《せんせい》のつとめておられる高山歯科医学院《たかやましかいがくいん》は、大《おお》きな学校《がっこう》だそうだから、なにか、仕事《しごと》でもあるにちがいない。たのんでみよう。」

宿代《やどだい》をはらってしまって、まったくお金《かね》がなくなった清作《せいさく》は、芝《しば》にある高山歯科医学院《たかやましかいがくいん》をさがしさがし、やっとたずねあてました。

「やあ、きみは野口君《のぐちくん》じゃないか。よく出《で》てきたな。さあ、あがりたまえ。」

血脇先生《ちわきせんせい》は、よろこんで清作《せいさく》をむかえてくれました。

清作《せいさく》は、渡部院長《わたなべいんちょう》からの手紙《てがみ》をさしだし、また、いま、こまっているわけをすっかり話《はな》しました。

「そいつは気《き》のどくだ。よし、きみが、書生《しょせい》でも玄関番《げんかんばん》でも、なんにでもなるというのなら、わしから、高山院長《たかやまいんちょう》に話《はな》してやろう。なに、きみひとりぐらい、書生《しょせい》としておいてくれるよ。」

血脇先生《ちわきせんせい》は、かんたんに引《ひ》きうけてくれました。

けれど、血脇先生《ちわきせんせい》から話《はなし》を聞《き》いた高山院長《たかやまいんちょう》は、いますぐには書生《しょせい》はいらないから、ことわるようにと言《い》いました。先生《せんせい》は間《あいだ》に立《た》って、こまってしまいました。

「さて、どうしたらよいかな。せっかく、東京《とうきょう》へ出《で》てきて、前期試験《ぜんきしけん》も通《とお》ったというのに、追《お》いかえすわけにはいかん。いい青年《せいねん》だし、なんとか、面倒《めんどう》をみてやりたいものだ。」

血脇先生《ちわきせんせい》は、いろいろ考《かんが》えたすえ、ふと、寄宿舎《きしゅくしゃ》の用務員《ようむいん》のおじいさんにたのんでみようと思《おも》いました。

「ええ、ええ。よろしゅうございますとも。せまいところでお気《き》のどくですが、ねるところぐらいありますよ。」

おじいさんは、血脇先生《ちわきせんせい》のたのみを、こころよく聞《き》きいれてくれました。

清作《せいさく》はその晩《ばん》から、用務員《ようむいん》のおじいさん・おばあさんと、小《ちい》さな部屋《へや》でいっしょにくらすことになりました。

「血脇先生《ちわきせんせい》が言《い》っておられたが、医学院《いがくいん》の中《なか》をうろうろしていると、院長先生《いんちょうせんせい》に見《み》つかって、大目玉《おおめだま》ですぞ。しばらく、わしらの部屋《へや》で、本《ほん》でも読《よ》んでいなさい。」

おじいさんは、清作《せいさく》のことを心配《しんぱい》し、なるべく、人目《ひとめ》につかぬようにと言《い》ってくれました。清作《せいさく》もそれを守《まも》って、一日中《いちにちじゅう》、おとなしく、部屋《へや》から出《で》ないようにつとめました。

けれど、働《はたら》き者《もの》の清作《せいさく》です。一日《いちにち》小《ちい》さな部屋《へや》にとじこもっていると、息《いき》がつまりそうです。

「おじいさん、ぼくが見《み》つからないように、便所《べんじょ》のそうじをしてきますよ。ついでに、ランプのそうじも、まきわりも裏《うら》でやりますから、まかしてください。そのあいだ、おじいさんたち、一服《いっぷく》しててください。」

そう言《い》って、だんだん、おじいさんたちの手助《てだす》けをするようになりました。

おじいさんたちも、清作《せいさく》が気軽《きがる》にはたらいてくれるので、つい、清作《せいさく》にたのんだりするようになりました。

清作《せいさく》の働《はたら》きぶりは、いつとはなしに、医学院《いがくいん》でも評判《ひょうばん》になりました。

「野口《のぐち》という男《おとこ》は、気立《きだ》てもいいし、よくはたらくじゃありませんか。いつまでも用務員室《ようむいんしつ》でかくれているよりか、正式《せいしき》にやとってやろうじゃないですか。」

学院《がくいん》の先生方《せんせいがた》の口《くち》ぞえで、清作《せいさく》は、やっと正式《せいしき》にやとわれることになりました。

清作《せいさく》は、昼間《ひるま》は医学院《いがくいん》ではたらき、夜《よる》は近《ちか》くに住《す》んでいるドイツ人《じん》のところへ行《い》って、ドイツ語《ご》を習《なら》いました。

また、済生学舎《さいせいがくしゃ》という、医者《いしゃ》の試験《しけん》を受《う》ける人《ひと》のための学校《がっこう》へ行《い》って、勉強《べんきょう》もしました。

もちろん、そうしたお金《かね》は、清作《せいさく》にあろうはずがありません。

「きみの勉強《べんきょう》のためだ。さあ、いいから、遠慮《えんりょ》せずに持《も》っていきたまえ。」

血脇先生《ちわきせんせい》は、清作《せいさく》から勉強《べんきょう》をしたいと言《い》われるたびに、気持《きも》ちよく、その月謝《げっしゃ》を出《だ》してやっていました。

早《はや》くも1年《ねん》がたちました。清作《せいさく》は、10月《がつ》にある後期試験《こうきしけん》を受《う》けるため、最後《さいご》のはげしい勉強《べんきょう》にかかりました。

先生《せんせい》になった清作《せいさく》

10月《がつ》になりました。

いよいよ、後期《こうき》の試験《しけん》です。これにパスすれば、医者《いしゃ》の資格《しかく》がもらえ、日本中《にほんじゅう》どこでも、お医者《いしゃ》さんになれるのです。

それだけに、この試験《しけん》はむずかしいので有名《ゆうめい》です。前期《ぜんき》の試験《しけん》を何度《なんど》も受《う》けながら、なかなかパスしない人《ひと》もいます。やっと、前期試験《ぜんきしけん》を通《とお》っても、また後期《こうき》でつまずいて、合格《ごうかく》できない人《ひと》が、毎年《まいとし》、何十人《なんじゅうにん》となくいました。

清作《せいさく》は、はじめての受験《じゅけん》で、数少《かずすく》ない合格者《ごうかくしゃ》のなかに入《はい》りました。

「よくやったぞ、野口君《のぐちくん》。これできみは、りっぱにお医者《いしゃ》さんになれる資格《しかく》ができたのだ。いや、おめでとう、おめでとう。」

合格《ごうかく》の通知《つうち》がきたことを、血脇先生《ちわきせんせい》へ知《し》らせにいった清作《せいさく》を、先生《せんせい》は肩《かた》をたたいてほめました。

「いえいえ、いままで、たびたびごむりを聞《き》いていただいた先生《せんせい》のおかげです。先生《せんせい》、ありがとうございました。」

「いやいや、それよりも、さっそくお母《かあ》さんに知《し》らせてあげなさい。渡部院長《わたなべいんちょう》や小林《こばやし》先生《せんせい》や、それにきみの友人《ゆうじん》にも、はがきでも出《だ》してあげなさい。みんな、どんなによろこぶことか。」

「はい、きっとよろこんでくれると思《おも》います。ぼくが高等小学校《こうとうしょうがっこう》を卒業《そつぎょう》してから、お医者《いしゃ》さんになるんだと言《い》ったら、村《むら》の人《ひと》に、

『てんぼうの清作《せいさく》が医者《いしゃ》になれたら、お天道《てんとう》さまが西《にし》からのぼるわい。』とわらわれました。ぼく、そのとき、なに、どんな苦労《くろう》をしたって、医者《いしゃ》になってみせるぞ、と決心《けっしん》しました。やっと、その望《のぞ》みをはたせて、ぼく、こんなにうれしいことはありません。」

「そんなことがあったのか。わしは、すこしも知《し》らなかった。しかし、みんな、きみの負《ま》けじだましいと、努力《どりょく》のたまものだ。よく、がんばりとおしたなあ。」

先生《せんせい》は感心《かんしん》しながら、清作《せいさく》のこれから先《さき》の計画《けいかく》を聞《き》いてみました。

清作《せいさく》も、医術開業試験《いじゅつかいぎょうしけん》の、前《ぜん》・後期《こうき》をパスしたものの、すぐには医者《いしゃ》にはなれそうにもない、とあきらめていました。

医者《いしゃ》として開業《かいぎょう》するには、そうとうまとまったお金《かね》がいります。そんなお金《かね》は、と

ても清作《せいさく》にはありません。そのうえ、なおったというものの、まだ、左手《ひだりて》は普通《ふつう》の人《ひと》のように自由自在《じゆうじざい》に動《うご》かせるわけではありません。病人《びょうにん》の胸《むね》をトントンと打診《だしん》するときなど、指先《ゆびさき》がきかなくてこまることは、目《め》に見《み》えていました。

「ううむ。それでは、こうしてみたらどうだろう。開業《かいぎょう》はいつでもできることだし、もうすこし、医学《いがく》の研究《けんきゅう》をつづけてみたらいいじゃないか。高山院長《たかやまいんちょう》も、いまはきみのことをひじょうに楽《たの》しみにしておられるのだから、学院《がくいん》の講師《こうし》になってみたまえ。」

思《おも》いがけない血脇先生《ちわきせんせい》のすすめに、清作《せいさく》は、きっとまゆをあげました。

「ぼ、ぼくがですか。……先生《せんせい》をやるのですか。」

「ははは。なんだ、その顔《かお》は……なにもおどろくことはないだろう。きみなら、りっぱな講師《こうし》だ。英語《えいご》もドイツ語《ご》もフランス語《ご》も、先生《せんせい》に負《ま》けずに読《よ》めるし、なんといったって、医者《いしゃ》の資格《しかく》をもっているのだ。さあ、これから院長《いんちょう》のところへ行《い》こう。試験《しけん》に合格《ごうかく》した通知《つうち》と、講師《こうし》になる話《はなし》を決《き》めてこよう。」

血脇先生《ちわきせんせい》は、清作《せいさく》を引《ひ》きたてるように、高山院長《たかやまいんちょう》のところへつれていきました。

高山院長《たかやまいんちょう》も、血脇先生《ちわきせんせい》の考《かんが》えには大賛成《だいさんせい》です。

「よかろう。わしはまえから、きみのことを考《かんが》えていたところじゃ。きみの得意《とくい》の病理学《びょうりがく》（病気《びょうき》の理論《りろん》や病気《びょうき》の原理《げんり》などを研究《けんきゅう》する学問《がくもん》）と、薬物学《やくぶつがく》（薬《くすり》となるものや、薬《くすり》について研究《けんきゅう》する学問《がくもん》）を教《おし》えてくれたまえ。きみが、一足飛《いっそくと》びに先生《せんせい》になるとはゆかいじゃ。あはははは。」

文句《もんく》なしに、清作《せいさく》は、病理学《びょうりがく》と薬物学《やくぶつがく》の講師《こうし》と決《き》まりました。

その数日後《すうじつご》、学院《がくいん》の学生《がくせい》ひかえ室《しつ》の掲示板《けいじばん》に、「野口講師《のぐちこうし》」と書《か》かれた札《ふだ》が、はりだされました。

「病理学《びょうりがく》と薬物学《やくぶつがく》を教《おし》える野口講師《のぐちこうし》って、どこの大学《だいがく》を出《で》た先生《せんせい》だろう。」

「アメリカか、ドイツ帰《がえ》りの先生《せんせい》かもしれないぞ、きっと。」

学生《がくせい》たちは、新《あたら》しく来《く》ることになった野口講師《のぐちこうし》のことを、そんなふうに話《はな》しあっていました。

その野口講師《のぐちこうし》の講義《こうぎ》の時間《じかん》は、それから、二、三日《にち》して開《ひら》かれました。ものめずらしさも手《て》つだって、教室《きょうしつ》はいつもより、おおぜいの学生《がくせい》がつめかけていました。

そこへ、よれよれのはかまをはいた清作《せいさく》が、のっそり入《はい》ってきました。そのまま、教壇《きょうだん》に立《た》って、学生《がくせい》たちをぐるりと見《み》まわしました。そして、ゆっくりと、持《も》ってきた本《ほん》を開《ひら》きました。

「なんだ、なんだ、あいつは……。」

「おい、なにをしてるんだ。黒板《こくばん》は休《やす》み時間中《じかんちゅう》にふいておくもんだ。」

けれど、清作《せいさく》は落《お》ちつきはらって教壇《きょうだん》からおりようとしません。

学生《がくせい》たちは、わいわいとさわぎはじめました。

すると、清作《せいさく》は、静《しず》かにするようにと、右手《みぎて》をあげながら、

「わたしが、今度病理学《こんどびょうりがく》と薬物学《やくぶつがく》を受《う》けもつことになった講師《こうし》の野口清作《のぐちせいさく》です。さあ、本《ほん》を開《ひら》いて……始《はじ》めよう。」

学生《がくせい》たちは、なにがなんだかわかりません。

けれど、清作《せいさく》は、あっけにとられている学生《がくせい》たちを前《まえ》に、すらすらとドイツ語《ご》の本《ほん》

を読《よ》みあげました。それを日本語《にほんご》に訳《やく》しながら、講義《こうぎ》を始《はじ》めていきました。

学生《がくせい》たちは、まだあっちでひそひそ、こっちでひそひそと話《はな》しあっています。

ついこのあいだまで、授業《じゅぎょう》の合図《あいず》の鐘《かね》をカンカンと鳴《な》らしたり、よごれている便所《べんじょ》のそうじをしていた者《もの》が、まさか先生《せんせい》になろうとは、信《しん》じられないことでした。

その日《ひ》の講義《こうぎ》は、なんとなく落《お》ちつかないうちに終《お》わりました。この話《はなし》は学院中《がくいんじゅう》に広《ひろ》まりました。

「へん、小生意気《こなまいき》なやつめ。ひとつ、みんなでむずかしい質問《しつもん》を出《だ》して、とっちめてやろう。」

「そうだ、そうだ。きっと、あいつは血脇先生《ちわきせんせい》や高山院長《たかやまいんちょう》を丸《まる》めこんで、先生《せんせい》になったんだ。化《ば》けの皮《かわ》をはいでやれ。」

学生《がくせい》たちはおもしろがって、そんなよからぬ相談《そうだん》を始《はじ》めました。

そして、その次《つぎ》の週《しゅう》の講義《こうぎ》となりました。1回目《かいめ》よりも、たくさんの学生《がくせい》がおしかけ、教室《きょうしつ》はいっぱいになっていました。

「野口先生《のぐちせんせい》、質問《しつもん》があるのですが……。」

講義《こうぎ》が始《はじ》まるとすぐ、しめしあわせた学生《がくせい》たちが、清作《せいさく》に質問《しつもん》をしました。学生《がくせい》たちは、まだ習《なら》っていない問題《もんだい》や、意地《いじ》の悪《わる》い質問《しつもん》ばかり、つぎつぎと出《だ》しました。

清作《せいさく》は顔色《かおいろ》ひとつかえず、質問《しつもん》に、ひとつひとつていねいに答《こた》えました。

「ふうん、あいつはたいしたもんだ。こりゃあ、われわれの負《ま》けらしいぞ。」

「野口講師《のぐちこうし》はわかいが、りっぱな先生《せんせい》だ。」

清作《せいさく》をばかにした学生《がくせい》たちは、反対《はんたい》にはずかしくなって、こそこそと、にげだしていきました。ほかの学生《がくせい》たちは、講師《こうし》になった清作《せいさく》にうっとりと見《み》とれながら、その講義《こうぎ》に聞《き》きいっていいました。

そして、清作《せいさく》は、早《はや》くも、学院中《がくいんじゅう》のだれからも尊敬《そんけい》される講師《こうし》となりました。清作《せいさく》が、まだ20歳《さい》のときで、明治《めいじ》30（1897）年《ねん》10月《がつ》のことです。

人《ひと》にたよるな

講師《こうし》になってまもなく、清作《せいさく》は、考《かんが》えがすこしかわってきました。これまで本《ほん》にたよってきた方法《ほうほう》をあらためてみよう、と思《おも》うようになったのです。

清作《せいさく》はすぐ、このことを血脇先生《ちわきせんせい》にたのんでみました。

「わたしは、もっと直接《ちょくせつ》、病人《びょうにん》に当《あ》たってみて、病気《びょうき》のほんとうの姿《すがた》を調《しら》べてみたくなりました。実際《じっさい》の患者《かんじゃ》に当《あ》たって、研究《けんきゅう》してみたいと思《おも》います。先生《せんせい》のお力《ちから》で、順《じゅん》天堂医院《てんどういいん》へ入《い》れていただくわけにはまいりませんか。」

「なに、講師《こうし》になったばかりなのに、順天堂医院《じゅんてんどういいん》へ行《い》きたいのか。」

血脇先生《ちわきせんせい》は、腕組《うでぐ》みをしたまま、聞《き》きかえしました。

順天堂医院《じゅんてんどういいん》といえば、そのころすでに日本《にっぽん》でも、一、二といわれるほど、すぐれた病院《びょういん》で、有名《ゆうめい》な学者《がくしゃ》や医者《いしゃ》もおおぜいいいました。

血脇先生《ちわきせんせい》も、清作《せいさく》の話《はなし》を聞《き》くと、医学院《いがくいん》で講師《こうし》をしているよりも、順天堂医院《じゅんてんどういいん》のようなところで、みっちりきたえられたほうが、かえって、これからのためになるだろうと考《かんが》えました。

先生《せんせい》の知《し》り合《あ》いに、順天堂医院《じゅんてんどういいん》が出《だ》している雑誌《ざっし》の編集長《へんしゅうちょう》の菅野《かんの》さんという人《ひと》がいて、病院《びょういん》につてがあったので、先生《せんせい》は、清作《せいさく》のことをたのんでくれました。そして、清作《せいさく》は、高山歯科医学院《たかやましかいがくいん》の講師《こうし》をつづけながら、順天堂医院《じゅんてんどういいん》の助手《じょしゅ》になりました。講師《こうし》になった翌月《よくげつ》の11月《がつ》に、病院《びょういん》へもつとめるようになったわけです。

「野口君《のぐちくん》、きみが希望《きぼう》しているような医者《いしゃ》の仕事《しごと》は、人《ひと》の都合《つごう》で、いますぐはむりだ。いずれ、病院《びょういん》のほうへまわってもらうが、それまで、菅野君《かんのくん》のところで雑誌《ざっし》の編《へん》集《しゅう》をしていてもらえないか。」

順天堂医院《じゅんてんどういいん》へ入《はい》った日《ひ》、院長《いんちょう》が清作《せいさく》に言《い》いました。

「はい。病院《びょういん》の人《ひと》の都合《つごう》がつきましたら、どうぞ、よろしくお願《ねが》いをいたします。」

「うん、かならず、きみの希望《きぼう》どおりにしよう。よし、それでは編集《へんしゅう》の細《こま》かいことは、菅野君《かんのくん》に聞《き》いてくれたまえ。しかし、編集《へんしゅう》ばかりが仕事《しごと》ではないんだ。院長《いんちょう》のわたしや、副院長《ふくいんちょう》、それから内科《ないか》や外科《げか》の先生《せんせい》などについていって、患者《かんじゃ》を診察《しんさつ》したようすを原稿《げんこう》に書《か》いてもらう仕事《しごと》がある。そのほか、外国《がいこく》の医学雑誌《いがくざっし》からめぼしい論文《ろんぶん》などを訳《やく》して、それを雑誌《ざっし》にのせるとか、ひと口《くち》に編集《へんしゅう》といっても、なかなかたいへんな仕事《しごと》だ。」

清作《せいさく》は、そのたいへんな仕事《しごと》をてきぱきとかたづけ、なお、時間《じかん》があると、ほかの医者《いしゃ》の代《か》わりになって、病室《びょうしつ》を診察《しんさつ》してまわったりしました。

そのため、清作《せいさく》が雑誌《ざっし》を手《て》つだうようになってから、雑誌《ざっし》は見《み》ちがえるほどよくなりました。なかでも、患者《かんじゃ》の診察《しんさつ》や治療《ちりょう》のことをくわしく書《か》いてのせるようになってからは、読者《どくしゃ》のお医者《いしゃ》さんから、たいへんよろこばれました。仕事《しごと》のうえで、とても参考《さんこう》になるからです。

もちろん、その原稿《げんこう》のほとんどは、清作《せいさく》が書《か》いたものです。ところが、その原稿《げんこう》を書《か》くためには、院長先生方《いんちょうせんせいがた》について、いやでも病室《びょうしつ》をまわらなければなりません。その病室《びょうしつ》まわりが、清作《せいさく》にはだんだんつらくなってきました。

「野口先生《のぐちせんせい》は、どうして、はかまを持《も》っていらっしゃらないのかしら。いつも、はかまなしで、白《しろ》い上着《うわぎ》を着《き》ただけでしょ、みっともないわよ。」

「そうよ。せめて先生《せんせい》なら、洋服《ようふく》やはかまを持《も》っていなきゃあね。先生《せんせい》の値打《ねう》ちがないわ。きっと、あの先生《せんせい》、むだづかいなどして、はかまを買《か》えないのよ。」

病院《びょういん》の看護婦《かんごふ》[1]たちは、きたならしい身《み》なりの清作《せいさく》のことを、そう言《い》って、うわさをしています。

たしかに、看護婦《かんごふ》たちの言《い》うとおりなのです。清作《せいさく》は、むかしはいていたはかまが、ぼろぼろになってはけなくなって以来《いらい》、はかまも洋服《ようふく》も持《も》っていません。そのため、人《ひと》にかりてばかりいましたが、いつまでもかりてばかりいられません。

なんとか、はかまぐらい持《も》たなければならないと思《おも》いながら、どうしても、それが買《か》えないのです。

「くらしを切《き》りつめて、せめて、はかまだけでも買《か》えるようにしなければだめだ。しかし、洋服《ようふく》も羽織《はおり》もないとはつらいなあ。」

清作《せいさく》は、いろいろ考《かんが》えたすえ、ふと、田原先生《たはらせんせい》のことを思《おも》いだしました。田原先生《たはらせんせい》は、血脇先生《ちわきせんせい》の恩師《おんし》なのです。

清作《せいさく》は、田原先生《たはらせんせい》のところへ行《い》って、それとなしに、洋服《ようふく》やはかまのことを話《はな》してみました。すると、田原先生《たはらせんせい》は、はかますら持《も》っていない清作《せいさく》を、気《き》のどくに思《おも》ったのでしょう。

「ぼくの着《き》ふるした洋服《ようふく》でよければ、あげよう。今度来《こんどく》るまでに、洗濯《せんたく》をしておこう。」

と、約束《やくそく》をしてくれました。


［1］現在《げんざい》は女性《じょせい》も男性《だんせい》も看護師《かんごし》とよばれている。明治《めいじ》19（1886）年《ねん》に、日本《にっぽん》ではじめて看護婦教育所《かんごふきょういくじょ》ができ、看護《かんご》が女性《じょせい》の職業《しょくぎょう》として確立《かくりつ》されていった。2001年《ねん》まで、看護《かんご》の仕事《しごと》につく女性《じょせい》は看護婦《かんごふ》とよばれていた。

清作《せいさく》は大喜《おおよろこ》びでした。もう、病室《びょうしつ》へ大《おお》いばりで出入《でい》りできますし、看護婦《かんごふ》たちからも、ばかにされないですみそうです。

清作《せいさく》は毎日毎日《まいにちまいにち》、田原先生《たはらせんせい》から、洋服《ようふく》をとりにこいという手紙《てがみ》の来《く》るのを待《ま》っていました。

ところが、手紙《てがみ》は、田原先生《たはらせんせい》からではなく、血脇先生《ちわきせんせい》からきました。

「洋服《ようふく》を持《も》っていないことが、そんなにはずかしいのか。そればかりか、きみとはあまり親《した》しくもない田原先生《たはらせんせい》のところへ行《い》って、どうして洋服《ようふく》をねだるような、あつかましいことをしたのだ。こういう行《おこな》いこそ、はずかしいと思《おも》いなさい。これから、どうしても入《い》り用《よう》なものがあったら、まず、わたしに相談《そうだん》をするように……。」

と、いつになく、血脇先生《ちわきせんせい》の手紙《てがみ》にはきびしいものがありました。

清作《せいさく》は、その手紙《てがみ》を何度《なんど》も読《よ》みかえしながら、自分《じぶん》が悪《わる》かったと思《おも》いました。

いままで、どれだけ、小林先生《こばやしせんせい》や渡部院長《わたなべいんちょう》・血脇先生《ちわきせんせい》、そして友《とも》だちなどに、たよったり、あまえたり、助《たす》けばかり、こうてきたことでしょう。自分《じぶん》がびんぼうだから――ということで、自分《じぶん》が人《ひと》から物《もの》をもらうことに、平気《へいき》になっていました。

（ああ、これではいけない。ぼくはこれから、きちんと計画《けいかく》を立《た》てた生活《せいかつ》をしなければいけない。そのうえで、入《い》り用《よう》なものを買《か》うようにしよう。）

清作《せいさく》はやっと、そう考《かんが》えつきました。清作《せいさく》は血脇先生《ちわきせんせい》に、さっそく、長《なが》いおわびの手紙《てがみ》を出《だ》しました。

そして、医学《いがく》の勉強《べんきょう》に集中《しゅうちゅう》するために、いままで放《ほう》っておいた、外国《がいこく》の本《ほん》の翻訳《ほんやく》をまとめてみようと考《かんが》えました。若松《わかまつ》の会陽医院《かいよういいん》の薬局生《やっきょくせい》であったころ読《よ》んでいた、カールデンという人《ひと》の書《か》いた本《ほん》を、最後《さいご》まで訳《やく》そうと決心《けっしん》をしたのです。

人《ひと》にたよってはならない。世《よ》の中《なか》には、自分《じぶん》のほかにほんとうにたよりになるものはいないのだ――ということを、清作《せいさく》はこの洋服《ようふく》のことで、自分《じぶん》の生《い》き方《かた》について、しみじみと教《おし》えられました。

英世《ひでよ》という名前《なまえ》

清作《せいさく》は順天堂医院《じゅんてんどういいん》で、雑誌《ざっし》の編集《へんしゅう》をつづけているうちに、将来《しょうらい》、細菌学者《さいきんがくしゃ》になろうと考《かんが》えました。細菌学《さいきんがく》というのは、人間《にんげん》の健康《けんこう》に深《ふか》い関係《かんけい》のある菌《きん》について調《しら》べる学問《がくもん》です。

そこでまず、雑誌《ざっし》の編集長《へんしゅうちょう》の菅野《かんの》さんに相談《そうだん》をしてみました。

「なるほど、細菌学《さいきんがく》か。しかし、細菌学《さいきんがく》だったら、伝染病研究所《でんせんびょうけんきゅうじょ》がいいだろう。だが、野口君《のぐちくん》にはむりかもしれないなあ。」

話《はなし》を聞《き》いて、菅野《かんの》さんが言《い》いました。

「どうしてですか。ぼくが学校《がっこう》へ行《い》かず、独学《どくがく》だからというわけでしょうか。」

清作《せいさく》は、口《くち》をとがらせて聞《き》きました。

「まあ、そうだ。あそこは、帝国大学《ていこくだいがく》（現在《げんざい》の東京大学《とうきょうだいがく》）の医科《いか》を卒業《そつぎょう》した者《もの》でないと、助手《じょしゅ》にもなれんそうだ。」

負《ま》けずぎらいの清作《せいさく》は、そう聞《き》くと、だまって引《ひ》きさがってはいられません。

「そんなばかなことってあるでしょうか。学校《がっこう》を出《で》た者《もの》と、出《で》ない者《もの》と、どうしてそんなに区別《くべつ》しなければならないのでしょう。ぼくはどうしても、伝染病研究所《でんせんびょうけんきゅうじょ》へ入《はい》って、細菌学《さいきんがく》の研究《けんきゅう》をしてみせます。」

清作《せいさく》は、菅野《かんの》さんに食《く》ってかかるように、はっきりそう言《い》いきりました。

一度思《いちどおも》いこむと、清作《せいさく》は、ぜったいにあとへ引《ひ》きません。すぐさま血脇先生《ちわきせんせい》に、伝《でん》染病研究所《せんびょうけんきゅうじょ》へ入《はい》れるように、骨《ほね》をおってほしいとたのんでみました。

血脇先生《ちわきせんせい》も、この清作《せいさく》のたのみには、はじめは、なかなかうんと言《い》ってくれませんでした。

清作《せいさく》は、順天堂医院《じゅんてんどういいん》の雑誌《ざっし》の仕事《しごと》は夜《よる》だけでできるので、昼間《ひるま》は細菌学《さいきんがく》の研究《けんきゅう》をしたいとうったえました。

実際《じっさい》には、清作《せいさく》はたいへんいそがしい日々《ひび》を送《おく》っているはずです。

けれど、血脇先生《ちわきせんせい》も、清作《せいさく》があまり一生懸命《いっしょうけんめい》にたのむので、とうとう、その熱心《ねっしん》さに負《ま》けてしまいました。

幸《さいわ》い、北里柴三郎博士《きたさとしばさぶろうはかせ》と親《した》しい人《ひと》を知《し》っていましたので、その人《ひと》から、清作《せいさく》を博士《はかせ》に紹介《しょうかい》してもらいました。また、菅野《かんの》さんも、清作《せいさく》のために、順天堂医院《じゅんてんどういいん》の院長《いんちょう》から、北里博士《きたさとはかせ》にあてた紹介状《しょうかいじょう》をもらってくれたりしました。

このふたりのおかげで、清作《せいさく》は、思《おも》いどおり、世界《せかい》でも有名《ゆうめい》な細菌学者《さいきんがくしゃ》の北里博士《きたさとはかせ》の伝染病研究所《でんせんびょうけんきゅうじょ》へ入《はい》ることができました。清作《せいさく》の21歳《さい》のときです。

けれど、正式《せいしき》の助手《じょしゅ》ではなくて、いちばん下《した》の見習《みなら》いの助手《じょしゅ》ということでしたが、それでも清作《せいさく》は、天《てん》にものぼる心地《ここち》でした。

北里博士《きたさとはかせ》は、入《はい》ったばかりの清作《せいさく》をよぶと、

「野口君《のぐちくん》、熱心《ねっしん》に勉強《べんきょう》をしなきゃあいかんぞ。5年間《ねんかん》、一生懸命勉強《いっしょうけんめいべんきょう》をすれば、外国《がいこく》へ行《い》って研究《けんきゅう》する資格《しかく》がもらえる。しっかりやりたまえ。」

とはげましてくれました。

清作《せいさく》のこの研究所《けんきゅうじょ》での仕事《しごと》は、細菌《さいきん》の実験《じっけん》などではなく、図書《としょ》の整理《せいり》でした。実験《じっけん》などは、おおぜい研究員《けんきゅういん》がいて、なかなか清作《せいさく》まで、番《ばん》がまわってきませんでした。

それに、順天堂医院《じゅんてんどういいん》の菅野《かんの》さんが言《い》っていたように、学校《がっこう》を出《で》た者《もの》と、そうでない者《もの》との区別《くべつ》が、やっぱりいろいろあることを知《し》り、清作《せいさく》はひとりで、はらを立《た》てることが何度《なんど》もありました。

ちょうど、そのころ、清作《せいさく》のふるさとから手紙《てがみ》がとどきました。小林先生《こばやしせんせい》の奥《おく》さんが腎臓病《じんぞうびょう》にかかり、それも、なかなか重《おも》いと書《か》いてありました。

「こまったな。すぐにでもとんでいって、看病《かんびょう》をしてあげたいが、なにしろ、研究所《けんきゅうじょ》へ入《はい》ったばかりで、休《やす》むことができん。」

清作《せいさく》は、その手紙《てがみ》を持《も》って、順天堂医院《じゅんてんどういいん》へ行《い》きました。腎臓病《じんぞうびょう》にくわしいお医者《いしゃ》さんに手紙《てがみ》を見《み》せ、病人《びょうにん》の薬《くすり》、看病《かんびょう》のしかたなどを、くわしく教《おし》えてもらいました。そしてすぐに、聞《き》いたことを小林先生《こばやしせんせい》に手紙《てがみ》で知《し》らせました。

けれど、奥《おく》さんの病気《びょうき》は、だんだん悪《わる》くなるいっぽうでした。

「人《ひと》の命《いのち》にかかわることだ。研究所《けんきゅうじょ》を休《やす》んで、奥《おく》さんを看病《かんびょう》してこよう。」

高等小学校《こうとうしょうがっこう》のときから、お世話《せわ》になっている小林先生《こばやしせんせい》の奥《おく》さんです。清作《せいさく》は心配《しんぱい》で、じっとしていられなくなって、とうとう猪苗代町《いなわしろまち》の先生《せんせい》の家《いえ》へかけつけました。そして、すっかり弱《よわ》りきっている奥《おく》さんの体《からだ》を診察《しんさつ》し、薬《くすり》を手配《てはい》し、一生懸命《いっしょうけんめい》、看病《かんびょう》に当《あ》たりました。

その清作《せいさく》の気持《きも》ちが通《つう》じたのでしょうか、奥《おく》さんの病気《びょうき》は、すこしずつ、よくなっていきました。

奥《おく》さんの病状《びょうじょう》が安定《あんてい》してくると、清作《せいさく》は看病《かんびょう》の合間《あいま》の時間《じかん》に、小林先生《こばやしせんせい》の本《ほん》を手当《てあ》たりしだいに読《よ》んで、一日中《いちにちじゅう》、時間《じかん》をつぶしていました。そのうちに、ある人《ひと》が、

「清作君《せいさくくん》、この本《ほん》は坪内逍遥《つぼうちしょうよう》という人《ひと》の書《か》いた『当世書生気質《とうせいしょせいかたぎ》』という小説《しょうせつ》だよ。読《よ》んでみたまえ、おもしろいよ。」

と、本《ほん》をかしてくれました。

清作《せいさく》は読《よ》んでいくうちに、なるほどおもしろくて、ぐんぐんと引《ひ》きこまれていきま

した。小説《しょうせつ》の中《なか》に、自分《じぶん》とよく似《に》た名《な》の医学書生《いがくしょせい》が出《で》てくるからです。「野々口精《ののぐちせい》作《さく》」といって、自分《じぶん》の名前《なまえ》、「野口清作《のぐちせいさく》」によく似《に》ています。

「小説《しょうせつ》って不思議《ふしぎ》なものだなあ。よく、同《おな》じような名前《なまえ》があるものだ。ところで、小《しょう》説《せつ》の精作《せいさく》はなかなか頭《あたま》がいいが、最後《さいご》はどうなるんだろう。」

読《よ》みすすんでいくうちに、清作《せいさく》は、だんだんいやな気持《きも》ちになってきました。小説《しょうせつ》に出《で》てくる主人公《しゅじんこう》の「野々口精作《ののぐちせいさく》」は、みんなから、将来《しょうらい》を楽《たの》しみにされていたのに、あるつまらない事件《じけん》から、だんだん悪《わる》くなって、とうとう最後《さいご》には、だれからも相手《あいて》にされなくなってしまうという、筋《すじ》だったのです。

清作《せいさく》は、名前《なまえ》が似《に》ているばかりでなく、医学書生《いがくしょせい》であることなども、なんだか、自分《じぶん》のことが書《か》かれた小説《しょうせつ》のように思《おも》えました。

「先生《せんせい》、この『当世書生気質《とうせいしょせいかたぎ》』を読《よ》んで、すっかり考《かんが》えてしまいました。どうも、ぼくによく似《に》ているところもあるし、それに、清作《せいさく》という名《な》もよくないなあ。ぼく、なんだか、この小説《しょうせつ》の精作《せいさく》になりそうな気《き》がします。」

「あはは。なにをくだらないことを言《い》うのだ。しっかりしたまえ。しかし、それほど気《き》にかかるなら、名前《なまえ》をかえてみたまえ。改名《かいめい》をするんだよ。」

小林先生《こばやしせんせい》が、わらいながら言《い》いました。

すると、清作《せいさく》は目《め》をかがやかせながら、

「先生《せんせい》、ぼくの名前《なまえ》を考《かんが》えていただけませんか。これを機会《きかい》に、名前《なまえ》をかえたいと思《おも》います。」

と、熱心《ねっしん》にたのみました。

先生《せんせい》も、清作《せいさく》が本気《ほんき》になってたのむので、清作《せいさく》のために、5つ、6つ、名前《なまえ》をえらんでくれました。

清作《せいさく》はそのなかから、「英世《ひでよ》」という名《な》に決《き》めました。

「わたしも、この英世《ひでよ》がいちばんいいと思《おも》っていた。英世《ひでよ》という名《な》は、きみもよく知《し》っているだろうが、世界《せかい》にすぐれているという意味《いみ》だ。名前《なまえ》のとおり、世界《せかい》にすぐれ、万人《ばんにん》にすぐれた人《ひと》になってほしい。」

「わかりました。先生《せんせい》のお心《こころ》にそえるよう、そして、英世《ひでよ》の名《な》にはじないように、これから努力《どりょく》します。」

清作《せいさく》の英世《ひでよ》は、ほっとしたように、明《あか》るい顔《かお》で答《こた》えました。

やがて、心配《しんぱい》していた奥《おく》さんの病気《びょうき》もほとんどよくなり、もう看病《かんびょう》をするほどのことはなくなりました。

英世《ひでよ》も、やっと安心《あんしん》して、東京《とうきょう》へ帰《かえ》っていきました。

そのあくる年《とし》の明治《めいじ》32（1899）年《ねん》1月《がつ》、英世《ひでよ》がまえから訳《やく》していた、カールデンという人《ひと》の『病理学的細菌学的検究術式綱要《びょうりがくてきさいきんがくてきけんきゅうじゅつしきこうよう》』という、いかめしい名前《なまえ》の本《ほん》を、出版社《しゅっぱんしゃ》から出《だ》しました。これは、英世《ひでよ》の最初《さいしょ》の本《ほん》でした。

中国《ちゅうごく》のペスト

英世《ひでよ》のつとめている伝染病研究所《でんせんびょうけんきゅうじょ》は、まもなく国立《こくりつ》の役所《やくしょ》［2］になり、それと同《どう》時《じ》に、英世《ひでよ》は正式《せいしき》の助手《じょしゅ》となりました。

その助手《じょしゅ》となった4月《がつ》に、アメリカからサイモン・フレクスナー博士《はかせ》たちが、研究《けんきゅう》所《じょ》をたずねてきました。団長《だんちょう》のフレクスナー博士《はかせ》は、アメリカのジョーンズ・ホプキンス大学《だいがく》の病理学《びょうりがく》の教授《きょうじゅ》です。フィリピンの衛生状況《えいせいじょうきょう》を視察《しさつ》しにいく途中《とちゅう》に、研究所《けんきゅうじょ》の北里博士《きたさとはかせ》と志賀潔博士《しがきよしはかせ》に面会《めんかい》するため、日本《にっぽん》によりました。

「野口君《のぐちくん》。急《きゅう》に、わしは用事《ようじ》ができて、大阪《おおさか》へたたなければならなくなった。大切《たいせつ》なお客《きゃく》さまに申《もう》しわけないが、きみが代《か》わりになって、東京《とうきょう》の病院《びょういん》を案内《あんない》してあげてくれないか。」

フレクスナー博士《はかせ》らの歓迎会《かんげいかい》のあったあくる日《ひ》、英世《ひでよ》は、北里博士《きたさとはかせ》によばれて、そうたのまれました。

「しかし、ぼくは、英語《えいご》で話《はな》すことは得意《とくい》ではありませんが……。」

英世《ひでよ》はことわりましたが、博士《はかせ》も、英世《ひでよ》が外国語《がいこくご》にすぐれていることをよく知《し》っていました。とうとう、東京《とうきょう》のおもだった病院《びょういん》への案内役《あんないやく》を引《ひ》きうけさせられました。

英世《ひでよ》は、フレクスナー博士《はかせ》たちと病院《びょういん》めぐりをしているうちに、だんだん、博士《はかせ》と打《う》ちとけて話《はなし》ができるようになりました。

「フレクスナー先生《せんせい》。わたくしは、機会《きかい》がありましたら、アメリカの進《すす》んだ医学《いがく》を実地《じっち》に学《まな》びたいと思《おも》っています。これは、わたくしの長《なが》いあいだの、もっとも大《おお》きな望《のぞ》みなのです。」

英世《ひでよ》は、すこしかたくなりながら、フレクスナー博士《はかせ》に言《い》いました。すると、博士《はかせ》はいかにも外国人《がいこくじん》らしく、両手《りょうて》を大《おお》きく広《ひろ》げて、

「おお、それはいいことです。ぜひ、アメリカへいらっしゃい。アメリカへ来《き》たときは、ぜひとも、わたしのところへおよりなさい。お力《ちから》ぞえをしましょう。」

[2] 明治《めいじ》25（1892）年《ねん》、伝染病研究所《でんせんびょうけんきゅうじょ》は北里柴三郎《きたさとしばさぶろう》によって設立《せつりつ》され、明治《めいじ》32（1899）年《ねん》、国《くに》に寄付《きふ》されて、国立伝染病研究所《こくりつでんせんびょうけんきゅうじょ》となった。

と、英世《ひでよ》をはげますように言《い》いました。

博士《はかせ》のその言葉《ことば》を、英世《ひでよ》は、どんなにうれしく聞《き》いたことでしょう。

(よし、アメリカへ行《い》けるときがきたら、フレクスナー博士《はかせ》をたよっていこう。)

英世《ひでよ》は、そう心《こころ》の中《なか》で決《き》めました。

博士《はかせ》たちは、それから二、三日《にち》、日本《にっぽん》にいて、マニラ(フィリピンの首都《しゅと》)へ向《む》けて、横浜《よこはま》から船出《ふなで》しました。英世《ひでよ》は博士《はかせ》たちを、横浜《よこはま》の波止場《はとば》まで見送《みおく》りにいきました。

そのころ、日本《にっぽん》ではじめて、「海港検疫《かいこうけんえき》」という規則《きそく》が決《き》められました。海港検疫《かいこうけんえき》というのは、外国通《がいこくがよ》いの船《ふね》が、横浜《よこはま》・神戸《こうべ》・長崎《ながさき》・門司《もじ》などの港《みなと》へ入《はい》ってきたとき、もし、船《ふね》の中《なか》にペストやコレラなどの伝染病患者《でんせんびょうかんじゃ》がいたりすれば、上陸《じょうりく》させないように、検査《けんさ》をしたり、とりしまったりすることです。その検査《けんさ》をする医者《いしゃ》を海港検疫医《かいこうけんえきい》といいました。

北里博士《きたさとはかせ》は、その海港検疫医《かいこうけんえきい》を決《き》める役目《やくめ》についていたので、英世《ひでよ》に、海港検疫医《かいこうけんえきい》になるようにすすめました。英世《ひでよ》は研究所《けんきゅうじょ》をやめ、役所《やくしょ》のある横浜《よこはま》へうつり、5月《がつ》に海港検疫医官補《かいこうけんえきいかんほ》という役人《やくにん》になりました。

「研究所《けんきゅうじょ》にいたときよりも、月給《げっきゅう》が多《おお》くなったし、つつましくして、お金《かね》をためれば、アメリカ行《い》きの旅費《りょひ》をつくれるぞ。」

英世《ひでよ》は、はじめはそう考《かんが》えて、お金《かね》をためようとしましたが、どうしてもたまりません。お父《とう》さんに似《に》て、お酒《さけ》がすきになってきたことと、むだづかいのくせがあったからでした。

6月《がつ》のある日《ひ》のことでした。

横浜《よこはま》の波止場《はとば》へ、アメリカ丸《まる》という汽船《きせん》が入《はい》ってきました。ところが、その船《ふね》に、ペストではないかと思《おも》われる人《ひと》がいるのに気《き》づきました。

英世《ひでよ》は、急《いそ》いで、ほかの検疫医《けんえきい》に知《し》らせました。

「なに、ペスト患者《かんじゃ》だ。うん、きみは、船員《せんいん》たちのいる部屋《へや》でねている中国人《ちゅうごくじん》のボーイのことをいうのだろうが、あれはペスト患者《かんじゃ》じゃない。ペスト患者《かんじゃ》なら、われわれだってわかるよ。だいいち、横浜《よこはま》の海港検疫所《かいこうけんえきしょ》では、まだ一度《いちど》もペスト患者《かんじゃ》を発見《はっけん》したことがないのだよ。」

検疫医《けんえきい》たちは、英世《ひでよ》の言《い》うことなどとりあげようとしません。

「しかし、ぼくは、あの中国人《ちゅうごくじん》のボーイを、見《み》うけられる症状《しょうじょう》からペスト患者《かんじゃ》だと思《おも》います。いままで、ペスト患者《かんじゃ》が発見《はっけん》されていないからといって、あの患者《かんじゃ》が、ペスト菌《きん》をもっていないとは言《い》えないではありませんか。そんなことよりも、あの患者《かんじゃ》を検査《けんさ》すればわかることです。」

英世《ひでよ》はひとり、そう言《い》いはりました。そこで、志賀博士《しがはかせ》が、そのボーイを調《しら》べてみることになりました。

すると、英世《ひでよ》の言《い》ったとおり、おそろしい伝染病《でんせんびょう》であるペスト菌《きん》をもったペスト患《かん》者《じゃ》だとわかったのです。みんな、びっくりしました。

「年《とし》はわかいが、しっかりした検疫医《けんえきい》だ。」

英世《ひでよ》の名《な》は、伝染病関係《でんせんびょうかんけい》の医者《いしゃ》や、海港検疫医《かいこうけんえきい》の間《あいだ》で有名《ゆうめい》になってしまいました。

そのペストさわぎがやっと終《お》わったとき、英世《ひでよ》は、北里博士《きたさとはかせ》に電報《でんぽう》でよびだされました。

急《いそ》いで、東京《とうきょう》の伝染病研究所《でんせんびょうけんきゅうじょ》へ行《い》ってみると、博士《はかせ》は英世《ひでよ》にこう言《い》いました。

「きみがペスト患者《かんじゃ》を発見《はっけん》した腕前《うでまえ》を見《み》こんで、わたしからたのみがあるのだ。いやいや、わたしからではない。これは、国《くに》の仕事《しごと》だから、国《くに》からきみにお願《ねが》いをしたい。いま、中国《ちゅうごく》の遼東半島《リャオトンはんとう》にある牛荘《ニューチャン》というところで、ペストがたいそうはやっているのだ。そのため、各国《かっこく》が、それぞれ、それにくわしい専門《せんもん》の医者《いしゃ》を牛荘《ニューチャン》へ送《おく》って、治療《ちりょう》に当《あ》たっている。みんなとも相談《そうだん》したのだが、日本《にっぽん》からはきみに行《い》ってほしい。きみ、行《い》ってくれるかね。」

英世《ひでよ》も、あまりに出《だ》しぬけな話《はなし》なので、すぐには返事《へんじ》ができませんでした。けれど、月給《げっきゅう》はこれまでの何倍《なんばい》も多《おお》く、アメリカ行《い》きの旅費《りょひ》も、すぐにためられそうに思《おも》えました。

「はい、ねがってもないことです。先生《せんせい》のおすすめにしたがって、中国《ちゅうごく》の牛荘《ニューチャン》へ行《い》ってみたいと思《おも》います。どうぞ、お願《ねが》いをいたします。」

英世《ひでよ》は、牛荘《ニューチャン》行《い》きをよろこんで引《ひ》きうけました。

しかし、英世《ひでよ》が牛荘《ニューチャン》に着《つ》いたころ、ペストの流行《りゅうこう》はもうおとろえかけていました。英世《ひでよ》は、すこし当《あ》てが外《はず》れたようでしたが、ペストだけでなく、ほかの病気《びょうき》の治療《ちりょう》もしたりして、たいそう、牛荘《ニューチャン》の人《ひと》びとからよろこばれました。

そして、牛荘《ニューチャン》に8か月《げつ》ほどいただけで、英世《ひでよ》は、また日本《にっぽん》へ帰《かえ》ってきました。

「ペスト菌《きん》や、そのほかの病気《びょうき》の勉強《べんきょう》はじゅうぶんしてこられたが、お金《かね》のほうは、さっぱりのこりゃしない。これではいつまでたっても、アメリカのフレクスナー博士《はかせ》のところへは行《い》けやしないぞ。」

いつも、弱音《よわね》をはいたことのない英世《ひでよ》も、めずらしくがっかりしてつぶやきました。

くじける心《こころ》

アメリカへ行《い》くことをあきらめきれない英世《ひでよ》は、その旅費《りょひ》を、ふるさとの学校友《がっこうとも》だちである八子弥寿平君《やごやすへいくん》にたのもうと考《かんが》えました。

(八子君《やごくん》なら、高等小学校時代《こうとうしょうがっこうじだい》からの親友《しんゆう》だし、いまでも、猪苗代町《いなわしろまち》では指折《ゆびお》りのお金持《かねも》ちだ。アメリカ行《い》きのお金《かね》ぐらい、かしてくれるにちがいない。)

英世《ひでよ》はそう思《おも》うと、いつものくせで、もう、じっとしていられません。東京《とうきょう》から、すぐ福島《ふくしま》へ向《む》かいました。そして、なつかしい三城潟《さんじょうがた》の家《いえ》でお父《とう》さんやお母《かあ》さん、それに姉《ねえ》さん夫婦《ふうふ》・弟《おとうと》たちに会《あ》ったのち、猪苗代町《いなわしろまち》へ向《む》かいました。

海港検疫医《かいこうけんえきい》をやめて、牛荘《ニューチャン》へ行《い》ったので、帰《かえ》ってきてからは仕事《しごと》がなく、どこへでも自由《じゆう》に行《い》けたわけです。

英世《ひでよ》は八子君《やごくん》に会《あ》うと、さっそく、アメリカへ行《い》きたいと話《はな》してみました。

「よくわかった。きみの希望《きぼう》をかなえてあげるようにしよう。しかし、野口君《のぐちくん》。アメリカへわたるための500円《えん》[3]といえば、なかなかの大金《たいきん》だ。いますぐはむずかしいが、もうすこし待《ま》ってくれないか。」

八子君《やごくん》はそう言《い》って、英世《ひでよ》に500円《えん》かすことを約束《やくそく》してくれました。

英世《ひでよ》は、いままでとざされていた目《め》の前《まえ》が、ぱっと開《ひら》けたような思《おも》いでした。

「アメリカへ行《い》けるぞ。アメリカへ行《い》って、うんと細菌学《さいきんがく》の勉強《べんきょう》ができるぞ。」

英世《ひでよ》はそう思《おも》うと、うれしくてうれしくて、つい、口《くち》もとがわらいにゆるんでくるのでした。

あくる日《ひ》、英世《ひでよ》は、小林先生《こばやしせんせい》をたずね、うれしそうに、アメリカ行《い》きのことを話《はな》しました。小林先生《こばやしせんせい》は、だまって聞《き》いていましたが、しばらくすると、

[3] 当時《とうじ》と現在《げんざい》の物価《ぶっか》をくらべると、現在《げんざい》の物価《ぶっか》は約《やく》3800倍《ばい》。渡米費《とべいひ》の500円《えん》は、現在《げんざい》の旅費《りょひ》にすると190万円《まんえん》ぐらいである。

「やめたまえ。友人《ゆうじん》から金《かね》を出《だ》してもらうことはつつしんだほうがよい。」

と、おこったように言《い》いました。

「えっ、どうしてですか、先生《せんせい》。」

英世《ひでよ》は、おどろいて聞《き》きかえしました。

「人《ひと》にたよってはいかん。人《ひと》にたよって、りっぱな者《もの》になった者《もの》は、昔《むかし》からだれもいないはずだ。人《ひと》に迷惑《めいわく》をかけず、自分《じぶん》の力《ちから》でやるようにしないと、いまに問題《もんだい》が起《お》きた場合《ばあい》、こまるのはきみだ。ようく考《かんが》えてみたまえ。」

これが、あのやさしい小林先生《こばやしせんせい》かと思《おも》うほど、先生《せんせい》は気《き》むずかしい顔《かお》で、英世《ひでよ》をたしなめました。英世《ひでよ》は、先生《せんせい》の言葉《ことば》に考《かんが》えこんでしまいました。

(そうだった。人《ひと》にたよるまい。人《ひと》にたよってはならないと、このまえ、血脇先生《ちわきせんせい》からもさとされたじゃないか。それなのにぼくは、また、八子君《やごくん》にたよったりして……。ぼくは、ほんとうに心《こころ》が弱《よわ》い人間《にんげん》なんだなあ。)

英世《ひでよ》は、にげだしたいほど、自分《じぶん》がはずかしくなりました。

「先生《せんせい》、八子君《やごくん》にはよく礼《れい》を言《い》って、ことわります。人《ひと》にたよる悪《わる》いくせを、もうこれからは直《なお》すようにいたします。」

英世《ひでよ》は、さすがにしょんぼりして、小林先生《こばやしせんせい》の前《まえ》で、そうちかいました。

その先生《せんせい》の家《いえ》からの帰《かえ》り道《みち》、英世《ひでよ》は、八子君《やごくん》にお金《かね》をかりることをことわると、しおしおと、東京《とうきょう》へ引《ひ》きかえしていきました。

東京《とうきょう》へ帰《かえ》ったものの、英世《ひでよ》は、すぐには仕事《しごと》がありません。もう一度《いちど》、血脇先生《ちわきせんせい》にお願《ねが》いして、いまは東京歯科医学院《とうきょうしかいがくいん》と名前《なまえ》をかえた、元《もと》の高山歯科医学院《たかやましかいがくいん》の講師《こうし》にしてもらいました。

けれど、英世《ひでよ》の心《こころ》は、せっかくのアメリカ行《い》きの見《み》こみも立《た》たなくなり、だんだんあせってきました。そのため、毎晩《まいばん》のように大酒《おおざけ》を飲《の》んだりして、あれた毎日《まいにち》を送《おく》るようになりました。

血脇先生《ちわきせんせい》は、英世《ひでよ》のそういう、自堕落《じだらく》なくらしを、見《み》たり聞《き》いたりして、どんなに心《こころ》をいためたことでしょう。

「このまま放《ほう》っておけば、野口《のぐち》は、ほんとうにくだらない、くずのような人間《にんげん》になってしまうだろう。アメリカへ行《い》くための旅費《りょひ》を、なんとかしてほしいとたのまれてはいたが、思《おも》いきって、金《かね》を出《だ》してやろう。」

血脇先生《ちわきせんせい》は、英世《ひでよ》のために、わざわざ人《ひと》からお金《かね》をかりて、300円《えん》という大金《たいきん》をつくってくれました。

英世《ひでよ》は男泣《おとこな》きに泣《な》いて、血脇先生《ちわきせんせい》におわびとお礼《れい》を言《い》いました。このお金《かね》をつくるのに、どれほど苦労《くろう》なさったか、血脇先生《ちわきせんせい》のくらしを見《み》ている英世《ひでよ》には、よくわかっていたからです。

英世《ひでよ》は、このお金《かね》を持《も》って、もう一度《いちど》、最後《さいご》のお別《わか》れに、ふるさとへ帰《かえ》りました。

お母《かあ》さんは、なみだを流《なが》してよろこびました。

お父《とう》さんたち家族《かぞく》の者《もの》も、遠《とお》いアメリカへ行《い》く英世《ひでよ》を、なにかとはげましてくれました。

小林先生《こばやしせんせい》や奥《おく》さんも、英世《ひでよ》が今度《こんど》こそ、望《のぞ》みどおりアメリカへ行《い》けると聞《き》いて、2

00円《えん》あまりもの大金《たいきん》を英世《ひでよ》にくれました。

「このお金《かね》は、わたしたちが蚕《かいこ》を飼《か》ってためたお金《かね》だ。アメリカへ行《い》くお祝《いわ》いとして、とっておきたまえ。」

英世《ひでよ》は、そのお金《かね》を、ささげるようにしていただきました。いつもながら、小林先生《こばやしせんせい》たちの温《あたた》かな気持《きも》ちに、何度《なんど》、お礼《れい》を言《い》っても足《た》りないくらいでした。

英世《ひでよ》がこうして、先生《せんせい》たちのせんべつなどのおかげで、アメリカへ向《む》かったのは、もう、暮《く》れもおしせまった、明治《めいじ》33（1900）年《ねん》12月《がつ》、英世《ひでよ》が24歳《さい》のときでした。

3 世界《せかい》のノグチ

フレクスナー博士《はかせ》

「フレクスナー先生《せんせい》、日本《にっぽん》の野口英世《のぐちひでよ》です。北里博士《きたさとはかせ》の伝染病研究所《でんせんびょうけんきゅうじょ》におりましたとき、先生《せんせい》にお目《め》にかかりました野口《のぐち》です。ごぶさたいたしております。」

アメリカのフィラデルフィアにあるペンシルベニア大学《だいがく》へ、フレクスナー博士《はかせ》をたずねた英世《ひでよ》は、なつかしそうに博士《はかせ》に言《い》いました。

「ノグチ……ノグチ……、おお、思《おも》いだしました。日本《にっぽん》へ行《い》ったとき、東京《とうきょう》の病院《びょういん》を案内《あんない》してくれた、研究所《けんきゅうじょ》の人《ひと》でしたね。」

フレクスナー博士《はかせ》は、出《だ》しぬけにたずねてきた日本《にっぽん》の青年《せいねん》を、やっと思《おも》いだしたようです。

「先生《せんせい》。わたくしは、いつかのお約束《やくそく》どおり、先生《せんせい》をたよりに、アメリカへまいりました。先生《せんせい》、わたくしを、先生《せんせい》の大学《だいがく》の助手《じょしゅ》にしていただけないでしょうか。」

「え、助手《じょしゅ》に？」

フレクスナー博士《はかせ》は、おどろいて目《め》をみはりました。たしかに、アメリカへ来《く》るときがあったら、わたしをたずねなさいと言《い》ったおぼえはあります。しかし、それを真《ま》にうけて、手紙《てがみ》で打《う》ち合《あ》わせもせずに、急《きゅう》に出《で》てくるとは、あまりにも乱暴《らんぼう》すぎます。

（なんという、無鉄砲《むてっぽう》な日本人《にほんじん》だろう。それも、大学《だいがく》の助手《じょしゅ》にしてくれなんて。）

博士《はかせ》は、あきれて、ものも言《い》えません。

けれど、英世《ひでよ》の顔《かお》を見《み》ていると、英世《ひでよ》が一生懸命《いっしょうけんめい》、それこそ、わらをもすがる思《おも》いでたのんでいることが、だんだんわかってきました。

フレクスナー博士《はかせ》は、わざわざ日本《にっぽん》からアメリカまで、自分《じぶん》をたずねてきた英世《ひでよ》を、このまま、放《ほう》ってはおけなくなりました。

ペンシルベニア大学《だいがく》の学長《がくちょう》にわけを話《はな》し、英世《ひでよ》を助手《じょしゅ》に使《つか》ってほしいとたのみました。けれど、学長《がくちょう》は、いまさしあたって、助手《じょしゅ》は必要《ひつよう》ないと、ことわってしまいました。

博士《はかせ》も、まえにいたホプキンス大学《だいがく》から、この大学《だいがく》へうつってきたばかりなので、それ以上《いじょう》、むりは言《い》えませんでした。

「野口君《のぐちくん》。気《き》のどくだが、ちょっとすぐには、仕事《しごと》は見《み》つかりそうにもない。なんとか考《かんが》えるから、しばらく、安《やす》い下宿屋《げしゅくや》でようすを見《み》ていてくれないか。」

フレクスナー博士《はかせ》も、そう言《い》うよりしようがありません。聞《き》いてみると、日本《にっぽん》から持《も》ってきたお金《かね》も、旅費《りょひ》でほとんど使《つか》いはたし、もう、わずかしか、のこっていないようです。

英世《ひでよ》もこまりましたが、おしかけられたフレクスナー博士《はかせ》も、どうしたらよいか、よい知恵《ちえ》がうかびません。

それでも、親切《しんせつ》なフレクスナー博士《はかせ》は、英世《ひでよ》のためにあちこち、仕事《しごと》をさがしてくれましたが、やっぱりありません。

しかたなしに、いま、自分《じぶん》が研究《けんきゅう》している仕事《しごと》のほうで、英世《ひでよ》を使《つか》おうと考《かんが》えました。

その博士《はかせ》からの知《し》らせを受《う》けて、英世《ひでよ》がとぶように、博士《はかせ》の家《いえ》へかけつけたのは、明治《めいじ》33（1900）年《ねん》も、今日《きょう》でおしまいという12月《がつ》31日《にち》のことです。

「先生《せんせい》、なにか、仕事《しごと》が見《み》つかりましたか。」

「うん、よびだしてすまなかったが、きみは、毒《どく》へびの毒《どく》について、なにか知《し》っていますか。」

「毒《どく》へびの毒《どく》ですって……。」

英世《ひでよ》は、思《おも》いがけない博士《はかせ》の言葉《ことば》に、すぐには返事《へんじ》ができませんでした。

英世《ひでよ》はいままで、毒《どく》へびの研究《けんきゅう》など、一度《いちど》もしたことがありません。

けれど英世《ひでよ》は、博士《はかせ》の顔《かお》を見《み》ながら、

「いえ、へびの毒《どく》の研究《けんきゅう》をやったことはありませんが、へびのことなら、すこしは研《けん》究《きゅう》をしたことがあります。」

英世《ひでよ》は、とっさにそう言《い》ってしまいました。伝染病研究所《でんせんびょうけんきゅうじょ》にいたとき、台湾《タイワン》のはぶという毒《どく》へびを研究《けんきゅう》していた友人《ゆうじん》のことを、ちらっと思《おも》いうかべたからです。

「ほう。それなら都合《つごう》がいい。じつは、やってほしい仕事《しごと》があるのです。これは、大学《だいがく》の仕事《しごと》ではありませんが、わたしと、もうひとりの人《ひと》とで研究《けんきゅう》している仕事《しごと》なのです。そのほうの助手《じょしゅ》になってください。」

「先生《せんせい》、ぜひ、やらしてください。一生懸命《いっしょうけんめい》やります。」

「よろしい。月給《げっきゅう》は、わたしがおしはらいするので、あまりたくさん出《だ》せなくて、気《き》のどくなのですが……。」

フレクスナー博士《はかせ》は、そう言《い》いながら、その日《ひ》から、英世《ひでよ》を助手《じょしゅ》にやとってくれ、助手《じょしゅ》の給料《きゅうりょう》を、自分《じぶん》の給料《きゅうりょう》から出《だ》してくれました。

もう数時間《すうじかん》で始《はじ》まる新《あたら》しい年《とし》の明治《めいじ》34（1901）年《ねん》を前《まえ》にして、英世《ひでよ》は、ほっとひと安心《あんしん》しました。

へびの毒《どく》

英世《ひでよ》の新《あたら》しい仕事《しごと》は、あくる年《とし》の1月4日《がつよっか》から、さっそく始《はじ》められました。

「野口君《のぐちくん》。こちらは、わたしとへびの毒《どく》の研究《けんきゅう》をいっしょに進《すす》めているサイラス・ウィア・ミッチェル博士《はかせ》です。博士《はかせ》について、研究《けんきゅう》のしかたを教《おそ》わってください。」

「はじめまして、野口英世《のぐちひでよ》と申《もう》します。」

英世《ひでよ》は、フレクスナー博士《はかせ》に紹介《しょうかい》されて、ミッチェル博士《はかせ》と、しっかりと握手《あくしゅ》をかわしました。

ミッチェル博士《はかせ》は、もう七十をこえた老人《ろうじん》でしたが、すぐれた医者《いしゃ》として、また、神経病学者《しんけいびょうがくしゃ》としても知《し》られていました。そのうえ、小説家《しょうせつか》や詩人《しじん》としても有名《ゆうめい》な人《ひと》でした。

「へびの毒《どく》の研究《けんきゅう》は、わたしの父《ちち》も研究《けんきゅう》していて、親子《おやこ》2代《だい》にわたっているのですよ。ご承知《しょうち》のように、毒《どく》へびにかまれた人《ひと》の命《いのち》をすくう、大事《だいじ》な研究《けんきゅう》なので、ぜひ、わたしの代《だい》にやりとげたいと思《おも》っています。どうか、お力《ちから》ぞえをねがいます。」

ミッチェル博士《はかせ》は、自分《じぶん》の学問《がくもん》をひけらかすふうもなく、英世《ひでよ》を、一人前《いちにんまえ》の学者《がくしゃ》としてあつかってくれました。

そして、英世《ひでよ》が、自分《じぶん》の質問《しつもん》にきびきびと答《こた》えたり、わからないことがあると、どこまでも問《と》いただそうとする熱心《ねっしん》さに、これはよい助手《じょしゅ》が見《み》つかったと、大喜《おおよろこ》びでした。

英世《ひでよ》も、ミッチェル博士《はかせ》の教《おし》えを受《う》けながら、まず、へびの毒《どく》を研究《けんきゅう》した本《ほん》を、つぎつぎと読《よ》んで勉強《べんきょう》していきました。

英語《えいご》はもちろん、ドイツ語《ご》もフランス語《ご》も自由《じゆう》に読《よ》める英世《ひでよ》には、うってつけの仕《し》事《ごと》でした。

「ずいぶん、ノートにうつしましたね。何《なん》ページぐらいありますかね。」

ミッチェル博士《はかせ》は、英世《ひでよ》が本《ほん》から書《か》きぬいてくれたノートを見《み》て、感心《かんしん》しながら聞《き》きました。

「はい。まだ、大学《だいがく》の図書館《としょかん》には、読《よ》まなければならない本《ほん》がたくさんのこっています。フレクスナー先生《せんせい》がサンフランシスコからお帰《かえ》りになるころまでには、まとめておきたいと思《おも》います。」

英世《ひでよ》は、何冊《なんさつ》にもなったノートをぱらぱらとめくりながら、こともなげに答《こた》えました。

そのころ、フレクスナー博士《はかせ》は、仕事《しごと》のために、三月《みつき》ばかり、サンフランシスコへ出張《しゅっちょう》していたのです。そのフレクスナー博士《はかせ》も、出張《しゅっちょう》から帰《かえ》ってきて、英世《ひでよ》の真面目《まじめ》な仕事《しごと》ぶりにおどろいてしまいました。

「これはすごい。よく、これまでまとめてくれたものだ。きみ、夜《よる》もねないでやったのではないか。」

英世《ひでよ》が日本《にっぽん》にいたときの勉強《べんきょう》ぶりを知《し》らないフレクスナー博士《はかせ》は、感心《かんしん》して聞《き》きました。

英世《ひでよ》はただ、にこにこしてだまっていました。

この英世《ひでよ》のひたむきな努力《どりょく》と、しっかりした学問《がくもん》の力《ちから》に、フレクスナー博士《はかせ》は、さっそくミッチェル博士《はかせ》とも相談《そうだん》し、月給《げっきゅう》を約《やく》3倍《ばい》にあげてくれました。英世《ひでよ》は、おおいに元気《げんき》づきました。いままでの月給《げっきゅう》では、くらしていくのがやっとだったからです。

英世《ひでよ》ははりきって、次《つぎ》の仕事《しごと》にかかりました。今度《こんど》の仕事《しごと》は、生《い》きたがらがらへびから、毒《どく》をとりだして研究《けんきゅう》するという、危険《きけん》な仕事《しごと》でした。

博士《はかせ》たちはいままで、かわいたへび毒《どく》で研究《けんきゅう》していたのですが、とくに英世《ひでよ》は、生《い》きたへびから毒《どく》をとることにしたのです。

「野口君《のぐちくん》、気《き》をつけてくれたまえよ。今度《こんど》は、図書館《としょかん》などで書《か》きぬきをしているんじゃないんだからね。がらがらへびにがぶっとやられたら、それこそ、おしまいだよ。」

フレクスナー博士《はかせ》とミッチェル博士《はかせ》は、英世《ひでよ》の顔《かお》さえ見《み》れば、そう言《い》って注意《ちゅうい》しました。

「はい。サムやゲーがいっしょですから、だいじょうぶです。」

英世《ひでよ》は、大《おお》きくうなずくと、いつものように、また、地下室《ちかしつ》のほうへおりていきました。

地下室《ちかしつ》には、十数《じゅうすう》ひきのがらがらへびが、それぞれ、小《ちい》さな箱《はこ》の中《なか》に大切《たいせつ》に飼《か》われていました。

「サム、そいつを出《だ》してくれ。」

英世《ひでよ》は、同僚《どうりょう》のサムに、いちばん手前《てまえ》の箱《はこ》の、がらがらへびを指《ゆび》さしました。

すると、もうひとりの同僚《どうりょう》のゲーが、おそるおそる箱《はこ》のふたを開《あ》け、がらがらへびを中《なか》から引《ひ》きずりだしました。すばやくサムは、革《かわ》の輪《わ》のついた棒《ぼう》で、はねあがるへびの頭《あたま》を、ぎゅうっとおさえつけました。

英世《ひでよ》の目《め》は、きらっと光《ひか》りました。

不自由《ふじゆう》な左手《ひだりて》をうまく使《つか》いながら、両手《りょうて》で、そのへびの口《くち》をこじあけました。

「あ、あぶないっ。」

はっとして、サムがさけびました。

へびが、くねくねとあばれて、もうすこしで、英世《ひでよ》にとびつきそうになったのです。

英世《ひでよ》は思《おも》わず、左手《ひだりて》に持《も》ったガラス皿《ざら》を落《お》としそうになりました。けれど、すぐ、ガラス皿《ざら》を持《も》ちなおすと、落《お》ちついて、へびのするどいきばの下《した》に、皿《さら》をあてがいました。いかりくるったへびは、ガラスの皿《さら》をかみくだこうとするように、がぶっと、食《く》らいつきました。

「よし。」

ガラスの皿《さら》をくわえさせられたへびは、口《くち》の中《なか》にある毒《どく》きばから、毒液《どくえき》をにじませます。

たらたらと、したたりおちるへびの毒《どく》が、ガラスの皿《さら》にたまっていきます。

このがらがらへびの毒《どく》が、フレクスナー博士《はかせ》とミッチェル博士《はかせ》には、大切《たいせつ》な研究材《けんきゅうざい》

料《りょう》なのでした。英世《ひでよ》は、その研究材料《けんきゅうざいりょう》を得《え》るため、おそれを知《し》らない人《ひと》のように、勇《ゆう》敢《かん》にやってのけたのです。

英世《ひでよ》の努力《どりょく》がみとめられるときがきました。

フレクスナー博士《はかせ》たちは、これをもとに、英世《ひでよ》とともに、へび毒《どく》の研究《けんきゅう》をしとげたからです。

そして、まもなく、フレクスナー、ミッチェル、野口《のぐち》の3人《にん》の共同《きょうどう》の研究《けんきゅう》として、学会《がっかい》に発表《はっぴょう》するまでになりました。

「フレクスナー博士《はかせ》やミッチェル博士《はかせ》は知《し》っているが、もうひとりの野口《のぐち》というのはなに者《もの》だろう。」

「いや、野口《のぐち》の力《ちから》で、ミッチェル博士《はかせ》が、お父《とう》さんから引《ひ》きついだ研究《けんきゅう》を、まとめることができたそうだ。」

「すると、あの日本《にっぽん》の青年《せいねん》の野口《のぐち》が、この研究《けんきゅう》の、恩人《おんじん》というわけか。」

学会《がっかい》で発表《はっぴょう》のとき、実験《じっけん》を受《う》けもった英世《ひでよ》に、アメリカの学者《がくしゃ》たちは、そう言《い》って、目《め》をみはりました。

そして、フレクスナー博士《はかせ》らといっしょに書《か》いた、へびの毒《どく》の論文《ろんぶん》が出版《しゅっぱん》されると、アメリカはもとより、世界《せかい》の学者《がくしゃ》たちに、早《はや》くもヒデヨ・ノグチとして、その名《な》が知《し》られるようになりました。

ねむらない日本人《にほんじん》

英世《ひでよ》の熱心《ねっしん》な研究《けんきゅう》によって、がらがらへびの毒《どく》の治療《ちりょう》に使《つか》う血清《けっせい》がつくられるようになりました。もう安心《あんしん》です。この血清《けっせい》ができれば、へびにかまれた人《ひと》の命《いのち》をすくうことができるのです。

つづいて、へびの毒《どく》と魚《さかな》との関係《かんけい》を研究《けんきゅう》するために、カーネギー学院研究所《がくいんけんきゅうじょ》という研究所《けんきゅうじょ》から、特別《とくべつ》にお金《かね》をもらえるようになりました。英世《ひでよ》が、25歳《さい》のときです。

英世《ひでよ》はこのころから、すこしずつ、毎日《まいにち》のくらし方《かた》や考《かんが》え方《かた》が、いままでとかわってきました。

「ぼくはこれまで、早《はや》くえらくなって、そしてお金持《かねも》ちになって、ふるさとの人《ひと》をびっくりさせてやろうと、それぱっかり考《かんが》えてきた。しかし、そんな考《かんが》えは、とるに足《た》らないけちなことだった。それよりも、まず、人間《にんげん》としてりっぱにならなければ、りっぱな仕事《しごと》ができるはずがない。酒《さけ》を飲《の》んだり、むだづかいをしたりすることをおさえ、勉強《べんきょう》をもっともっとしよう。」

英世《ひでよ》はそう考《かんが》えると、ほんとうにそのとおり実行《じっこう》しだしました。

研究所《けんきゅうじょ》の友《とも》だちが、何度遊《なんどあそ》びにいこうとさそっても、いつもことわるようになりました。ズボンのやぶれめから、ワイシャツがはみだしていても気《き》がつかないほど、平《へい》気《き》で研究《けんきゅう》ばかりしていました。

「野口君《のぐちくん》。研究《けんきゅう》も大事《だいじ》だが、体《からだ》も大事《だいじ》だよ。みんな、きみが24時間《じかん》、ぶっ通《とお》しに研究《けんきゅう》しているって、たまげているよ。きみはほんとうに、夜《よる》はねないのかね。」

英世《ひでよ》のことをよく知《し》っているはずのフレクスナー博士《はかせ》でさえ、真面目《まじめ》な顔《かお》で、聞《き》いたりしました。

「いやだなあ、先生《せんせい》。先生《せんせい》までおからかいになって……。いくらぼくだって、ねなけりゃ死《し》んでしまいますよ。ちゃんとねていますよ。」

「そうかねえ。話《はなし》によると、みんながねてしまってからも勉強《べんきょう》しているというじゃないか。真夜中《まよなか》に目《め》をさました者《もの》が、きみはあいかわらず顕微鏡《けんびきょう》に向《む》かっているというし、朝《あさ》いちばんに起《お》きた者《もの》でさえ、もう、きみがゆうべの研究《けんきゅう》のつづきをしているといって、おどろいているよ。日本人《にほんじん》は、ねなくても平気《へいき》なのかって……。」

博士《はかせ》の言葉《ことば》に、英世《ひでよ》は大《おお》わらいです。

もちろん、英世《ひでよ》だって、一日中《いちにちじゅう》ねないではいられません。けれど、ねる時間《じかん》は、普《ふ》通《つう》の人《ひと》よりも短《みじか》い時間《じかん》ですみましたし、夜《よる》なども、研究所《けんきゅうじょ》の長《なが》いすの上《うえ》に、ごろりとねころがるだけでよかったのです。

これには、フレクスナー博士《はかせ》もあきれてしまいましたが、くれぐれもむりをしないようにと、かたくいましめておきました。

そして、自分《じぶん》をたずねて、アメリカまでやってきたこの日本《にっぽん》の青年《せいねん》が、わずかのあいだに、アメリカの科学《かがく》の世界《せかい》で、ぐんぐんのびていく姿《すがた》をたのもしく見守《みまも》っていました。

「わたしのところの野口《のぐち》は、だれにもまねのできない、すぐれたものをもっています。ひとつには、なにごともやりとおす、鉄《てつ》のような精神《せいしん》です。ふたつには、ひじょうにすぐれた技術《ぎじゅつ》です。わざです。その三は、それこそ、熱心《ねっしん》な努力《どりょく》です。」

と、フレクスナー博士《はかせ》は、研究所《けんきゅうじょ》へ来《く》る人《ひと》に、きまって、自慢《じまん》の弟子《でし》のことを、そう言《い》って話《はな》すのでした。

そのフレクスナー博士《はかせ》は、今度《こんど》新《あたら》しくできることとなった、ロックフェラー医学研《いがくけん》究所《きゅうじょ》（現在《げんざい》のロックフェラー大学《だいがく》）の所長《しょちょう》という、重《おも》い仕事《しごと》につくことになりました。

「野口君《のぐちくん》、きみに、ぜひ、ロックフェラー医学研究所《いがくけんきゅうじょ》へきてもらいたい。しかし、そのまえに、ヨーロッパへしばらく勉強《べんきょう》に行《い》ってきたまえ。そして、きみがアメリカへ帰《かえ》ってくるころには、研究所《けんきゅうじょ》も形《かたち》がととのっているだろうから。」

博士《はかせ》は、英世《ひでよ》をヨーロッパのデンマークにある国立血清研究所《こくりつけっせいけんきゅうじょ》へ留学《りゅうがく》するように、とりはからってくれました。

ヨーロッパへ行《い》って勉強《べんきょう》できるなんて、英世《ひでよ》は、夢《ゆめ》でも見《み》ているのではないかしらと、なかなか信《しん》じられないほどでした。

ヨーロッパ留学《りゅうがく》は、英世《ひでよ》の、まえからの望《のぞ》みであったのです。それも、デンマークの国立血清研究所《こくりつけっせいけんきゅうじょ》は、世界《せかい》でも有名《ゆうめい》なマッセン博士《はかせ》のいるところです。

英世《ひでよ》の喜《よろこ》びは、なおもつづきました。ペンシルベニア大学《だいがく》の病理学研究室《びょうりがくけんきゅうしつ》で、いちばん上《うえ》の助手《じょしゅ》である上席助手《じょうせきじょしゅ》に命《めい》じられたことです。

なお、そのうえ、カーネギー学院研究所《がくいんけんきゅうじょ》からも、へび毒《どく》の研究《けんきゅう》のために出《だ》す本《ほん》の費用《ひよう》ももらえましたし、その研究所《けんきゅうじょ》の助手《じょしゅ》にもとりたてられました。英世《ひでよ》の26歳《さい》のときで、明治《めいじ》36（1903）年《ねん》のことです。

そして、『人魚姫《にんぎょひめ》』などの童話《どうわ》で有名《ゆうめい》な作家《さっか》アンデルセンを生《う》んだ国《くに》、デンマークへ向《む》かったのは、その年《とし》の10月《がつ》でした。英世《ひでよ》はここで、国立血清研究所《こくりつけっせいけんきゅうじょ》のマッセン博士《はかせ》とともに、へび毒《どく》の研究《けんきゅう》を進《すす》めました。

研究所《けんきゅうじょ》には1年《ねん》ほど留学《りゅうがく》していましたが、そのあいだに、10編《ぺん》の論文《ろんぶん》を発表《はっぴょう》しました。

「ううむ。これはすぐれた研究論文《けんきゅうろんぶん》だ。さすがはヒデヨ・ノグチだ。」

と、英世《ひでよ》の論文《ろんぶん》を読《よ》んだマッセン博士《はかせ》がびっくりするほどのできばえでした。

「有名《ゆうめい》なヒデヨ・ノグチは、アメリカ人《じん》ではなく、日本人《にほんじん》だそうだ。」

「いま、デンマークにきて、研究《けんきゅう》しているそうだ。」

そう聞《き》いた、イギリス、フランス、ドイツの国々《くにぐに》の医学者《いがくしゃ》たちは、

「ヨーロッパへこられたのですから、ぜひ、わたしの国《くに》へもおよりください。そして、講演《こうえん》してください。」

と、英世《ひでよ》にたのみました。

英世《ひでよ》は、よろこんで、これらの国々《くにぐに》で、お得意《とくい》のへびの毒《どく》の講演《こうえん》をしてまわりました。どこでも、たいへんな評判《ひょうばん》でした。このあと、英世《ひでよ》は、フレクスナー博士《はかせ》の待《ま》っ

ているアメリカへ、明治《めいじ》37（1904）年《ねん》10月《がつ》に帰《かえ》りました。

あの清作《せいさく》が博士《はかせ》に

「野口君《のぐちくん》。きみとの約束《やくそく》どおり、ロックフェラー医学研究所《いがくけんきゅうじょ》の研究室《けんきゅうしつ》を空《あ》けておいたよ。さあ、明日《あす》からでも、研究所《けんきゅうじょ》へきてくれたまえ。」

フレクスナー博士《はかせ》のところへあいさつに行《い》った英世《ひでよ》に、博士《はかせ》はにこにこして言《い》いました。

ロックフェラー医学研究所《いがくけんきゅうじょ》は、ニューヨークにあって、アメリカの石油王《せきゆおう》といわれるロックフェラーがつくった、医学《いがく》のための研究所《けんきゅうじょ》です。

所長《しょちょう》のフレクスナー博士《はかせ》をはじめ、研究員《けんきゅういん》はすべて、すぐれた研究《けんきゅう》をしてきた医学者《いがくしゃ》や科学者《かがくしゃ》にかぎられていました。そのため、ロックフェラー医学研究所《いがくけんきゅうじょ》の一員《いちいん》になることは、学者《がくしゃ》にとって、たいへんな名誉《めいよ》であったわけです。その研究所《けんきゅうじょ》へ、英世《ひでよ》は、一等助手《いっとうじょしゅ》としてまねかれたのです。

英世《ひでよ》は、いままでお世話《せわ》になったペンシルベニア大学《だいがく》の病理学研究室《びょうりがくけんきゅうしつ》をやめ、フレクスナー博士《はかせ》といっしょに、新《あたら》しく、トラコーマという病気《びょうき》のもとになる細菌《さいきん》の研究《けんきゅう》を始《はじ》めました。つまり、トラコーマの病原菌《びょうげんきん》の研究《けんきゅう》をするようになったのです。

やがて、そのあくる年《とし》の明治《めいじ》38（1905）年《ねん》4月《がつ》のある日《ひ》のことです。フレクスナー博士《はかせ》は、英世《ひでよ》をよぶと、ドイツからきたうすい医学雑誌《いがくざっし》をわたして、言《い》いました。

「見《み》たまえ。シャウディンとホフマンの両博士《りょうはかせ》が、梅毒《ばいどく》の病原体《びょうげんたい》を発見《はっけん》したそうだよ。」

「梅毒《ばいどく》の病原体《びょうげんたい》をですか。」

英世《ひでよ》は、雑誌《ざっし》をめくってみて、シャウディン博士《はかせ》らの論文《ろんぶん》を読《よ》みだしました。

梅毒《ばいどく》は、おそろしい伝染病《でんせんびょう》で、ひどくなると、脳《のう》をおかされ、精神病《せいしんびょう》などになって、一生《いっしょう》、なおらなくなります。

シャウディン博士《はかせ》たちは、その梅毒《ばいどく》の病原体《びょうげんたい》である細菌《さいきん》を発見《はっけん》したというのです。

「先生《せんせい》、これは世界的《せかいてき》な大発見《だいはっけん》じゃありませんか。」

「そうだ、大発見《だいはっけん》だ。われわれも、この病原体《びょうげんたい》を研究《けんきゅう》してみようじゃないか。」

「先生《せんせい》、やりましょう。」

ふたりは、それから熱心《ねっしん》に研究《けんきゅう》した結果《けっか》、早《はや》くも2か月後《げつご》には、その病原体《びょうげんたい》の細菌《さいきん》を確認《かくにん》することができました。

「ようし、あとは、どうして梅毒《ばいどく》であるかを診断《しんだん》する方法《ほうほう》と、それをなおす方法《ほうほう》とを研究《けんきゅう》すればよいのですね。」

「いままでのようにはいかないぞ。今度《こんど》は、手強《てごわ》い相手《あいて》だ。」

「なあに、先生《せんせい》、努力《どりょく》です。努力《どりょく》ですよ。」

英世《ひでよ》はつづいて、この問題《もんだい》にとりくんでいきました。

その研究中《けんきゅうちゅう》に、英世《ひでよ》は、ペンシルベニア大学《だいがく》からマスター・オブ・サイエンスの学《がく》位《い》を受《う》け、また、研究所《けんきゅうじょ》の一等助手《いっとうじょしゅ》から、その上《うえ》の準正員《じゅんせいいん》にあがりました。

英世《ひでよ》の血《ち》のにじむような研究《けんきゅう》は、毎日毎日《まいにちまいにち》、くりかえされました。そして、ついに、研究《けんきゅう》を始《はじ》めてから4年後《ねんご》、明治《めいじ》42（1909）年《ねん》に、梅毒《ばいどく》の新《あたら》しい診断法《しんだんほう》を発見《はっけん》しました。「酪酸反応《らくさんはんのう》」といって、いままでにない診断《しんだん》の方法《ほうほう》でした。

英世《ひでよ》は、この発見《はっけん》を学会《がっかい》に報告《ほうこく》しました。学会《がっかい》では、これを「ノグチ酪酸《らくさん》テスト」とよび、世界《せかい》の学者《がくしゃ》たちは、あらためて、英世《ひでよ》の研究《けんきゅう》に心《こころ》から拍手《はくしゅ》を送《おく》りました。

こうした数々《かずかず》の研究《けんきゅう》がみとめられたためでしょう、その年《とし》に、また、英世《ひでよ》は、研究《けんきゅう》所《じょ》の副正員《ふくせいいん》に進《すす》みました。

しかし、英世《ひでよ》の梅毒《ばいどく》の研究《けんきゅう》は、休《やす》みなくつづけられていました。今度《こんど》は、梅毒《ばいどく》の病《びょう》原体《げんたい》だけを、試験管《しけんかん》などを使《つか》ってとりだす研究《けんきゅう》です。このことを純粋培養《じゅんすいばいよう》といいますが、英世《ひでよ》は、この病原体《びょうげんたい》を数百本《すうひゃっぽん》の試験管《しけんかん》でためしてみました。じつに、根気《こんき》のいる研究《けんきゅう》でした。

英世《ひでよ》は、うまずたゆまず、失敗《しっぱい》に失敗《しっぱい》を重《かさ》ねながら、研究《けんきゅう》を進《すす》めました。いつのまにか、ほかの細菌《さいきん》が試験管《しけんかん》の中《なか》へ入《はい》りこんだりして、はじめから、やりなおしたこと

Pestilence
Dr. H. NOGUCHI

が何度《なんど》もありました。梅毒《ばいどく》の病原体《びょうげんたい》だけをとりだすことは、なかなかむずかしい、そして、長《なが》い長《なが》い努力《どりょく》が必要《ひつよう》でした。

一度《いちど》は、英世《ひでよ》の努力《どりょく》によって、梅毒《ばいどく》の病原体《びょうげんたい》の純粋培養《じゅんすいばいよう》に成功《せいこう》しました。

英世《ひでよ》が、このように、気《き》の遠《とお》くなるような研究《けんきゅう》をつづけているとき、日本《にっぽん》から、すばらしいおくりものがあたえられました。

これまで研究《けんきゅう》していた、へび毒《どく》や血清学論文《けっせいがくろんぶん》を、京都帝国大学《きょうとていこくだいがく》(現在《げんざい》の京都大学《きょうとだいがく》)へ出《だ》しておいたところ、医学博士《いがくはくし》の学位《がくい》がさずけられたからです。明治《めいじ》44(1911)年《ねん》、英世《ひでよ》は34歳《さい》でした。

「ぼくも、やっと医学博士《いがくはくし》になれた。きみ、こんなうれしいことはないよ。」

知《し》らせを受《う》けた英世《ひでよ》は、おどりあがってよろこびました。

「おめでとう、野口君《のぐちくん》。しかし、きみのように、世界的《せかいてき》な学者《がくしゃ》になっている者《もの》が、いまさら、日本《にっぽん》の博士《はくし》の学位《がくい》をもらったって、そう大喜《おおよろこ》びすることはないじゃないか。」

日本《にっぽん》からたずねていった友人《ゆうじん》のひとりが、いかにも不思議《ふしぎ》そうに聞《き》きました。

「いやいや、そうじゃないんだ。大学《だいがく》へ行《い》けなかったこのぼくが、独学《どくがく》で医学博士《いがくはくし》の学位《がくい》をもらえたのだもの。……ああ、目《め》にうかぶようだなあ。ぼくが博士《はかせ》になったと聞《き》いて、ぼくの母《はは》は、どんなによろこぶことだろう。猪苗代湖《いなわしろこ》のほとりの、あの小《ちい》さな村中《むらじゅう》を、一軒《けん》一軒《けん》知《し》らせてまわるにちがいない。ぼくはそう思《おも》っただけで、うれしくて、うれしくて……。」

英世《ひでよ》はそう言《い》いながら、まぶたをとじました。そのまぶたに、うっすらとなみだが光《ひか》っているようでした。

英世《ひでよ》の喜《よろこ》びは、そのまま、お母《かあ》さんの喜《よろこ》びでもありました。

「清作《せいさく》が医学博士《いがくはくし》になった。博士《はかせ》さまになった。」

英世《ひでよ》や、京都帝国大学《きょうとていこくだいがく》からの知《し》らせを、小林先生《こばやしせんせい》から受《う》けたお母《かあ》さんは、さっそく、松島屋《まつしまや》さんへも、渡部先生《わたなべせんせい》にもつたえました。村中《むらじゅう》のだれかれとなく、英世《ひでよ》のことをうれしそうに話《はな》しました。

「てんぼうの清作《せいさく》が博士《はかせ》さまになったとよう。」

村《むら》の人《ひと》は、この知《し》らせを村中《むらじゅう》の喜《よろこ》びとして、お母《かあ》さんや家《いえ》の者《もの》たちに、お祝《いわ》いを言《い》いにきてくれるのでした。

ヒデヨ・ノグチ

英世《ひでよ》の名前《なまえ》は、世界《せかい》の医学者《いがくしゃ》たちの間《あいだ》で、だれひとり知《し》らない者《もの》がないほど、有名《ゆうめい》になってきました。

けれど、はじめて会《あ》う学者《がくしゃ》のなかには、

「あの方《かた》がヒデヨ・ノグチ博士《はかせ》でしょうか。」

と、首《くび》をかしげたりする人《ひと》が何人《なんにん》もありました。

小《ちい》さいときから、小柄《こがら》であった英世《ひでよ》は、大男《おおおとこ》ぞろいのアメリカ人《じん》のなかでは、大人《おとな》と子《こ》どものようだったからです。

それに、髪《かみ》は、いつとかしたかわからないほど、くしゃくしゃでしたし、洋服《ようふく》もだらしない着方《きかた》です。ネクタイは曲《ま》がってむすんでいますし、ワイシャツのボタンなどは、いつもとれっぱなしです。知《し》らない人《ひと》が見《み》れば、とても、これが有名《ゆうめい》なヒデヨ・ノグチだ、と気《き》がつきません。

その英世《ひでよ》が、メリー・ダージスというアメリカの婦人《ふじん》と結婚《けっこん》したのは、英世《ひでよ》が京都《きょうと》帝国大学《ていこくだいがく》から学位《がくい》を受《う》けた、およそ2か月後《げつご》の、明治《めいじ》44（1911）年《ねん》4月《がつ》のことです。

「これで、野口君《のぐちくん》も奥《おく》さんがきたから、あせくさいシャツもとりかえてくるだろうなあ。なにしろ、顔《かお》もあらわないいんだからねえ。」

「われわれよりも、野口君《のぐちくん》の月給《げっきゅう》のほうがはるかに多《おお》いのに、いつもぴいぴいしていたからね。これからは、メリー夫人《ふじん》がしっかりやってくれるだろう。」

「真夜中《まよなか》まで研究室《けんきゅうしつ》でがんばっていた人《ひと》だったが、もう、さっさと家《いえ》へ帰《かえ》るだろう。」

研究所《けんきゅうじょ》の友人《ゆうひと》たちは、英世《ひでよ》が結婚《けっこん》したと聞《き》いて、みんなで、そう話《はな》していました。

ところが、みんなの当《あ》てはすっかり外《はず》れました。

英世《ひでよ》はあいかわらず、夜何時《よるなんじ》になっても、研究所《けんきゅうじょ》で仕事《しごと》に熱中《ねっちゅう》していました。

「もしもし、ロックフェラー医学研究所《いがくけんきゅうじょ》でしょうか。ヒデヨ・ノグチは、まだそちらにおりましょうか……あら、なんだ、あなたでしたの。いま、何時《なんじ》だと思《おも》っていらっしゃるの。もう11時《じ》をとっくにすぎていてよ。お仕事《しごと》をやめて、お帰《かえ》りにならなきゃ。」

メリー夫人《ふじん》が、夜《よる》になって研究所《けんきゅうじょ》へ電話《でんわ》をかけないと、帰《かえ》ってきません。

「わかった。うん、もうすこしで終《お》わる。よしよし、すぐに帰《かえ》るよ。」

英世《ひでよ》は、それからしばらくたってから、やっとアパートへ帰《かえ》ってきました。

「メリー、すばらしいおみやげだ。ほら、ごらん。いままで研究《けんきゅう》していた細菌《さいきん》だ。」

部屋《へや》へ入《はい》るなり、英世《ひでよ》は、メリー夫人《ふじん》に試験管《しけんかん》を高《たか》くかかげてみせました。

そして、洋服《ようふく》も着《き》かえず、さっそく、試験管《しけんかん》にガラス棒《ぼう》をつっこむと、そのひとしずくをガラス板《いた》の上《うえ》に落《お》としました。

「ごらん、花《はな》のようだ。ほらほら、これがおそろしい細菌《さいきん》とは思《おも》えないだろう。なん

て美《うつく》しい形《かたち》だろう。」

うれしそうに言《い》いながら、メリー夫人《ふじん》を顕微鏡《けんびきょう》の前《まえ》へつれていって、のぞかせるのでした。

メリー夫人《ふじん》も、そういうことがたびたびなので、もうおどろかなくなっていました。

テーブルというテーブル、ときには、ふたりが食事《しょくじ》をするテーブルの上《うえ》にまで、細《さい》菌《きん》の入《はい》った試験管《しけんかん》が、林《はやし》のように立《た》てかけられてありました。英世《ひでよ》もメリー夫人《ふじん》も、その細菌《さいきん》の中《なか》でくらしているようなものでした。

英世《ひでよ》の家《いえ》は、研究室《けんきゅうしつ》なのか、家《いえ》なのか、だんだん、けじめがつかなくなってきました。

そのなかで、英世《ひでよ》は、なかなか正体《しょうたい》のつかめない小児《しょうに》まひ、狂犬病《きょうけんびょう》、トラコーマ、結核《けっかく》などの病原体《びょうげんたい》の研究《けんきゅう》をくりかえしていたのです。

やがて、明治《めいじ》も終《お》わり、大正《たいしょう》の時代《じだい》に入《はい》ってまもなくの大正《たいしょう》2（1913）年《ねん》のことです。

英世《ひでよ》は、梅毒《ばいどく》の病原菌《びょうげんきん》である梅毒《ばいどく》スピロヘータ［1］を、人《ひと》の脳内《のうない》に見《み》つけて、それを証明《しょうめい》しました。このことで、体《からだ》と精神《せいしん》の病《やまい》が、同《おな》じ病原菌《びょうげんきん》によることが、はじめてしめされました。

英世《ひでよ》の名声《めいせい》は、神経病学《しんけいびょうがく》の分野《ぶんや》にも広《ひろ》まるようになります。

その年《とし》の9月《がつ》、英世《ひでよ》は、ドイツへまねかれました。ドイツの科学者《かがくしゃ》や医学者《いがくしゃ》たちの、自然科学《しぜんかがく》および医学大会《いがくたいかい》が、ウィーンで開《ひら》かれるので、特別《とくべつ》に講師《こうし》となっていくためです。

「まだ、夢《ゆめ》のような気《き》がするんだ。ドイツへ医学《いがく》の勉強《べんきょう》に行《い》きたいと考《かんが》えていたのだが、反対《はんたい》に講師《こうし》によばれるなんて、ほんとうにこっちがびっくりしてしまう。」


［1］スピロヘータとは、糸状《いとじょう》でらせん形《けい》の細菌《さいきん》の総称《そうしょう》。梅毒《ばいどく》のほか、回帰熱《かいきねつ》やワイル病《びょう》といった病気《びょうき》の病原体《びょうげんたい》も、スピロヘータの一種《いっしゅ》である。

英世《ひでよ》はさすがに、そわそわして、落《お》ちついていられないほどでした。

そして、いよいよヨーロッパへ向《む》かうと、ヨーロッパの国々《くにぐに》の新聞《しんぶん》はいっせいに、

「世界《せかい》の大医学者《だいいがくしゃ》ヒデヨ・ノグチ。」

と、英世《ひでよ》をむかえるため、写真《しゃしん》をかかげ、記事《きじ》を書《か》きました。

たしかに、その総会《そうかい》は、英世《ひでよ》のために開《ひら》かれた会《かい》のようでした。

およそ4000人《にん》にものぼる世界各国《せかいかっこく》からきた学者《がくしゃ》たちの前《まえ》で、英世《ひでよ》は、「梅毒菌《ばいどくきん》と狂犬病《きょうけんびょう》の病原体《びょうげんたい》」という題《だい》で講演《こうえん》をしました。

学者《がくしゃ》たちは、英世《ひでよ》の講演《こうえん》に一心《いっしん》に耳《みみ》をかたむけ、その講演《こうえん》が終《お》わると、いっせいに拍手《はくしゅ》をしました。

「大講演《だいこうえん》だ。世界《せかい》にほこるヒデヨ・ノグチだけあって、中身《なかみ》のりっぱな話《はなし》だった。」

「日本《にっぽん》にも、えらい医学者《いがくしゃ》がいるものだ。一言《ひとこと》、ヒデヨ・ノグチと話《はなし》をしてみたい。」

学者《がくしゃ》たちは、講演《こうえん》を終《お》えて、ひかえ室《しつ》で休《やす》んでいる英世《ひでよ》をたずねてきました。小《ちい》さなひかえ室《しつ》は、腰《こし》をおろすところがないほど、人《ひと》でいっぱいになりました。廊下《ろうか》ま

で、英世《ひでよ》に会《あ》いたがっている学者《がくしゃ》たちであふれるほどでした。

そのため、その大会《たいかい》へ出《で》ていた、背《せ》のひくい日本人《にほんじん》の学者《がくしゃ》は、

「あなたは、ヒデヨ・ノグチですか。あなたの講演《こうえん》はすばらしかった。」

「ヒデヨ・ノグチ、りっぱな研究《けんきゅう》をなさいましたね。」

と、英世《ひでよ》とまちがえられるしまつでした。

英世《ひでよ》は、この大会《たいかい》が終《お》わってから、ノルウェー、スウェーデン、イギリスなどでも、講演《こうえん》をたのまれました。そして、どこへ行《い》っても、ヒデヨ・ノグチといって、たいそううやまわれました。

英世《ひでよ》が、ニューヨークへ帰《かえ》ってからも、

「ヒデヨ・ノグチを知《し》っていますか。」

「ノグチに会《あ》わせてもらえないか。」

と、ニューヨークの日本人《にほんじん》は、アメリカ人《じん》から、たびたび、声《こえ》をかけられたりしました。

そのある年《とし》、大正《たいしょう》3（1914）年《ねん》7月《がつ》、英世《ひでよ》は、ロックフェラー医学研究所《いがくけんきゅうじょ》の正員《せいいん》にえらばれました。学者《がくしゃ》のなかでも、すぐれた研究《けんきゅう》をした者《もの》でないと、ここの正《せい》員《いん》には、なれませんでした。その正員《せいいん》に、英世《ひでよ》はえらばれ、同時《どうじ》に、給料《きゅうりょう》として、年《ねん》に5000ドルという大金《たいきん》をもらえるようになりました。

同《おな》じ年《とし》の4月《がつ》に、英世《ひでよ》に、日本《にっぽん》の東京帝国大学《とうきょうていこくだいがく》から、理学博士《りがくはくし》の学位《がくい》がさずけられました。まえに出《だ》しておいた梅毒《ばいどく》スピロヘータの研究《けんきゅう》の論文《ろんぶん》が通《とお》ったのです。英世《ひでよ》は、日本《にっぽん》の学位《がくい》をふたつももらえたわけです。

つづいて、そのあくる年《とし》の大正《たいしょう》4（1915）年《ねん》4月《がつ》に、日本《にっぽん》の帝国学士院《ていこくがくしいん》から、やはり、梅毒《ばいどく》スピロヘータの研究《けんきゅう》がすぐれていることをみとめられ、恩賜賞《おんししょう》という賞《しょう》をもらいました。当時《とうじ》の日本《にっぽん》で最高《さいこう》の栄誉《えいよ》ある賞《しょう》です。世界《せかい》の医学《いがく》の進歩《しんぽ》につくし、日本《にっぽん》の名《な》を高《たか》めた手柄《てがら》によるものでした。

お母《かあ》さんの写真《しゃしん》

ヒデヨ・ノグチと、世界中《せかいじゅう》にその名《な》が知《し》れわたりながら、また、月給《げっきゅう》もいままでの何十倍《なんじゅうばい》とふえながら、英世《ひでよ》たちにはいつも、お金《かね》がありませんでした。

多《おお》く入《はい》れば、入《はい》っただけ、景気《けいき》よく、ぱっと使《つか》ってしまったからです。

その英世《ひでよ》のもとへ、ある日《ひ》、石塚三郎《いしづかさぶろう》という、昔《むかし》の友《とも》だちから手紙《てがみ》がとどきました。

石塚三郎《いしづかさぶろう》は、高山歯科医学院時代《たかやましかいがくいんじだい》、英世《ひでよ》といっしょに書生《しょせい》をしていた人《ひと》で、いまでは、石塚歯科医院《いしづかしかいいん》を開業《かいぎょう》して7年《ねん》になっていました。

その手紙《てがみ》を読《よ》むと、石塚《いしづか》はそのころ、日本《にっぽん》でも流行《りゅうこう》しだした写真機《しゃしんき》を買《か》って、日本《にっぽん》のあちらこちらとうつしあるいていました。たまたま、東北地方《とうほくちほう》まで出《で》かけ、猪苗代《いなわしろ》湖《こ》までできたとき、

(そうだ、記念《きねん》に、野口君《のぐちくん》の家《いえ》をとっていこう。)

と思《おも》いたち、あの湖《みずうみ》のほとりの、三城潟《さんじょうがた》の家《いえ》をたずねました。

そして、英世《ひでよ》のお母《かあ》さんのシカに会《あ》って、石塚《いしづか》はびっくりしてしまいました。

やぶれたもんぺをはき、やつれた額《ひたい》にはしらががみだれ、いかにも、くらしにつかれたおばあさんだったからです。

「ああ、これが、世界《せかい》に有名《ゆうめい》な野口英世《のぐちひでよ》のお母《かあ》さんだろうか。なんと、このお母《かあ》さんのくらしはまずしいことだろう。」

石塚《いしづか》は、英世《ひでよ》とお母《かあ》さんとが、あまりにもかけはなれたくらしをしていることに、だまっていられなくなりました。

「野口君《のぐちくん》のお母《かあ》さん、英世君《ひでよくん》に送《おく》るための写真《しゃしん》をとらせてください。」

石塚《いしづか》は、きたない身《み》なりをはずかしがるお母《かあ》さんを説《と》きふせて、そのままの姿《すがた》を、二、三枚《まい》うつしてきました。

そして、この写真《しゃしん》をとるまでのいきさつを細《こま》かに手紙《てがみ》に書《か》いて、うつした写真《しゃしん》と

いっしょに、英世《ひでよ》のもとへ送《おく》ってやったのです。

英世《ひでよ》はその写真《しゃしん》を見《み》て、年《とし》をとった母《はは》の姿《すがた》に、思《おも》わずなみだを流《なが》しました。

「あなた、なにか、悪《わる》い知《し》らせでも……。」

メリー夫人《ふじん》は、心配《しんぱい》してたずねました。

英世《ひでよ》は、だまって写真《しゃしん》をわたしました。

国《くに》はちがっても、着《き》ているものがちがっていても、豊《ゆた》かな人《ひと》と、まずしい人《ひと》のちがいは、はっきりとわかります。夫《おっと》である英世《ひでよ》のお母《かあ》さんの、このみじめなくらしぶりに、メリー夫人《ふじん》も、身《み》を切《き》られるほどつらい思《おも》いになりました。

英世《ひでよ》は、なおもハンカチで鼻《はな》をおおいながら、まだ石塚《いしづか》の手紙《てがみ》のつづきを読《よ》んでいました。

「……きみのお母《かあ》さんは、きみを育《そだ》て、一家《いっか》のくらしをささえるために、こんなに苦《く》労《ろう》なさっているのだ。いま、きみが日本《にっぽん》へ帰《かえ》らなければ、もう、二度《にど》と、お母《かあ》さんにお会《あ》いすることはできないだろう。一度《いちど》でいい、日本《にっぽん》へ帰《かえ》って、お母《かあ》さんをなぐさめてあげたまえ。」

石塚《いしづか》の手紙《てがみ》の最後《さいご》には、そう書《か》いてありました。

「そうだった。お母《かあ》さん、おゆるしください。数年《すうねん》まえ、お母《かあ》さんから、帰《かえ》ってくるようにというお手紙《てがみ》をいただきながら、そのままにしてしまっていて、ああ、すみませんでした。」

英世《ひでよ》は頭《あたま》をかかえて、つぶやきました。

数年《すうねん》まえにきたその手紙《てがみ》というのは、そまつな紙《かみ》に、ひらがなやかたかな交《ま》じりで書《か》いた、英世《ひでよ》でなければ読《よ》めないような手紙《てがみ》でした。英世《ひでよ》は、まだ大切《たいせつ》にしまってあるそのお母《かあ》さんの手紙《てがみ》をとりだすと、もう一度《いちど》読《よ》みかえしました。字《じ》は、お母《かあ》さんが少女《しょうじょ》のころ、かまどの火《ひ》の灯《あか》りで、おぼんの上《うえ》の砂《すな》に指《ゆび》で書《か》いては習《なら》ったものでした。

「……わたしも、こころぼそくありまする。ドかはやく。きてくだされ。

……はやくきてくたされ。はやくきてくたされはやくき（て）くたされ。はやくきてくたされ。

いしよ（一生《いっしょう》）のたのみて。ありまする。

にしさ（を）むいてわ。おか（が）み。

ひかしさむいてわおかみ。しております。きたさむいてわおかみおります。みなみた（を）むいてわおかんておりまする。……

はやくきてくたされ。いつくるトおせ（教《おし》え）てくたされ。これのへんち（じ）ち（を）まちてをりまする。ねてもねむられません。」

「メリー。ぼくは、日本《にっぽん》へ帰《かえ》ってくる。お母《かあ》さんが、なんだか心配《しんぱい》になってきた。」

たまらなくなって、英世《ひでよ》が言《い》いました。

メリー夫人《ふじん》にも、親《おや》を思《おも》う英世《ひでよ》の心《こころ》がよくわかりました。けれど、心細《こころぼそ》そうに、英《ひで》世《よ》の顔《かお》をのぞきました。いま、英世《ひでよ》の家《いえ》には、１ドルのたくわえもないのです。

同《おな》じように、英世《ひでよ》も、家《いえ》にお金《かね》がないことをよく知《し》っていました。英世《ひでよ》は目《め》をおさえながら、考《かんが》えこんでしまいました。そして、しばらくして、やっと考《かんが》えついたのか、ほっとしたように立《た》ちあがりました。

英世《ひでよ》は、日本《にっぽん》の友《とも》だちに電報《でんぽう》を打《う》って、お金《かね》をかりようと考《かんが》えたのです。東京《とうきょう》で製《せい》薬会社《やくがいしゃ》をしている星一《ほしはじめ》で、星《ほし》がアメリカへきたとき、なにかと世話《せわ》をしたあいだがらでした。

「ハハミタシ　ニホンニカエル

カネオクレ」

星《ほし》は、英世《ひでよ》のたのみを聞《き》きいれ、すぐ5000円《えん》を送《おく》ってくれました。

英世《ひでよ》は、この星一《ほしはじめ》のおかげで、15年《ねん》ぶりに日本《にっぽん》へ帰《かえ》ることができました。大正《たいしょう》4（1915）年《ねん》9月《がつ》5日《いつか》でした。

「世界的学者《せかいてきがくしゃ》、野口英世博士《のぐちひでよはかせ》帰《かえ》る。」

と、日本中《にほんじゅう》の新聞《しんぶん》は、英世《ひでよ》のことを写真入《しゃしんい》りで書《か》きたてました。

その英世《ひでよ》の乗《の》った汽船《きせん》をむかえる横浜港《よこはまこう》も、これ以上《いじょう》の人出《ひとで》はないというほど、出《で》むかえの人《ひと》でいっぱいでした。

出《で》むかえの人《ひと》のなかには、血脇守之助先生《ちわきもりのすけせんせい》、渡部鼎先生《わたなべかなえせんせい》、小林栄先生《こばやしさかえせんせい》、それに、医《い》学院時代《がくいんじだい》の友《とも》だちなどが、おおぜいつめかけていました。

英世《ひでよ》は、いまは清作《せいさく》になった気持《きも》ちで、先生《せんせい》たちにていねいにあいさつをしました。先生《せんせい》たちは、世界《せかい》のノグチといわれる、りっぱな教《おし》え子《ご》と、まぶしそうにかたい握手《あくしゅ》をしました。

英世《ひでよ》は、それから2日《ふつか》ほど東京《とうきょう》での用事《ようじ》をすませて、夢《ゆめ》にまで見《み》た、三城潟《さんじょうがた》の家《いえ》へ帰《かえ》っていきました。

「おっかさん、清作《せいさく》です。清作《せいさく》が帰《かえ》りました。」

「お、お、おう。」

すっかりおばあさんになってしまったお母《かあ》さんは、ただ、そう言《い》うばかりで、英世《ひでよ》の体《からだ》を、すがりつくようにだきしめ、いつまでもはなそうとしません。英世《ひでよ》も、みんなの見《み》ている前《まえ》にもかまわず、大《おお》きななみだをこぼしながら、しっかりとお母《かあ》さんをだきかかえました。

まわりの人《ひと》びとも、15年《ねん》ぶりに会《あ》う親《おや》と子《こ》に、つい、さそわれて、泣《な》かされてしまうのでした。

そのあとで、英世《ひでよ》は、お父《とう》さんや、姉《ねえ》さん夫婦《ふうふ》、その子《こ》どもたちなどと、15年間《ねんかん》のできごとを、ゆっくり話《はな》しあいました。

また、高等小学校《こうとうしょうがっこう》時代《じだい》の八子弥寿平《やごやすへい》君《くん》や秋山義次《あきやまよしじ》君《くん》も、三城潟《さんじょうがた》の家《いえ》へわざわざたずねてくれました。英世《ひでよ》もなかよしの代《だい》ちゃんの野口代吉《のぐちだいきち》を、郡山《こおりやま》の家《いえ》へたずねていきます。

英世《ひでよ》は、ふるさとに10日《とおか》あまりいたのち、東京《とうきょう》へ向《む》かいました。そのおよそ半月後《はんつきご》に、お母《かあ》さんと、小林先生《こばやしせんせい》と奥《おく》さんたちが上京《じょうきょう》し、英世《ひでよ》はみんなをつれて、京都《きょうと》・大阪《おおさか》などの関西旅行《かんさいりょこう》に出《で》かけました。

そのときの、英世《ひでよ》の美《うつく》しい親孝行《おやこうこう》ぶりが大阪《おおさか》の新聞《しんぶん》にのって、人《ひと》びとは、英世《ひでよ》のやさしい心根《こころね》に、すっかり打《う》たれてしまいました。

「野口英世《のぐちひでよ》という人《ひと》は、お母《かあ》さんや、恩人《おんじん》の奥《おく》さんのために、手《て》ずから、おさしみをとってすすめたり、おわんのふたまでとってあげたりして、いろいろもてなしておられる。とても、われわれにはできないことだ。」

「お母《かあ》さんも、先生《せんせい》たちも、どんなにうれしいことだろう。いい子《こ》どもや教《おし》え子《ご》をもったものだ。」

英世《ひでよ》が、お母《かあ》さんといっしょにすごした十数日間《じゅうすうじつかん》は、お母《かあ》さんにとっても、ほんとうに夢《ゆめ》のような幸《しあわ》せがつづいた日《ひ》でした。

やがて、英世《ひでよ》は、お母《かあ》さんたちとわかれ、東京《とうきょう》へ引《ひ》きかえすと、東京歯科医学専門《とうきょうしかいがくせんもん》学校《がっこう》・慶應義塾大学《けいおうぎじゅくだいがく》などで講演《こうえん》をしたり、歓迎会《かんげいかい》などにも出席《しゅっせき》しました。そして、前《ぜん》後《ご》2か月《げつ》ほど日本《にっぽん》にいて、また、アメリカへ旅立《たびだ》っていきました。

しかし、これが日本《にっぽん》の見《み》おさめになろうとは、英世《ひでよ》はもちろん、だれにもわからないことでした。

黄熱病《おうねつびょう》とのたたかい

11月《がつ》、英世《ひでよ》はアメリカへ帰《かえ》ると、すぐ、まえからの研究《けんきゅう》のつづきにかかりました。

あいかわらず、自分《じぶん》の家《いえ》と研究所《けんきゅうじょ》とは同《おな》じで、研究《けんきゅう》の材料《ざいりょう》を家《いえ》へ持《も》ちこんでは、メリー夫人《ふじん》をこまらせていました。

日本《にっぽん》から帰《かえ》ったそのあくる年《とし》、英世《ひでよ》は、重《おも》い病気《びょうき》にかかりました。腸《ちょう》チフスです。一時《いちじ》は、あぶないとまで言《い》われましたが、ようやくなおり、どうにか元気《げんき》をとりもどしたころ、英世《ひでよ》に、新《あたら》しい研究《けんきゅう》があたえられました。

「野口君《のぐちくん》、南《みなみ》アメリカに、黄熱病《おうねつびょう》がはやりだしてきている。その研究《けんきゅう》にぜひ、行《い》ってきてほしい。」

フレクスナー博士《はかせ》は、英世《ひでよ》に言《い》いました。

黄熱病《おうねつびょう》というのは、南《みなみ》アメリカとか、アフリカなどのように、ひじょうに暑《あつ》い地方《ちほう》に多《おお》い伝染病《でんせんびょう》です。ねったいいしまかというかにさされると、3日《みっか》から6日間《むいかかん》ぐらいのあいだに、40度《ど》近《ちか》い高《たか》い熱《ねつ》が出《で》ます。そして、胃《い》や腸《ちょう》や肝臓《かんぞう》など、おなかの中《なか》をやられ、黄《おう》だんになって、ふたりのうちひとりは死《し》んでしまうという、おそろしい伝染病《でんせんびょう》です。

英世《ひでよ》は、みんなの中心《ちゅうしん》となって、南《みなみ》アメリカのエクアドルという国《くに》へ出《で》かけました。

そして、7月《がつ》15日《にち》にエクアドルに着《つ》くと、あくる日《ひ》から、設備《せつび》のよくない病院《びょういん》で、英世《ひでよ》は、黄熱病《おうねつびょう》とのたたかいを始《はじ》めました。

いつもながらの熱心《ねっしん》な努力《どりょく》で、早《はや》くも英世《ひでよ》は、7月《がつ》の下旬《げじゅん》には、その病原体《びょうげんたい》を見《み》つけだしました。いや、見《み》つけたと思《おも》いました[2]。予防法《よぼうほう》を考《かんが》え、血清《けっせい》をつくり、予《よ》防注射《ぼうちゅうしゃ》のワクチンをこしらえました。

「ノグチ先生《せんせい》。われわれ、エクアドルの国民《こくみん》は、先生《せんせい》のおかげで、黄熱病《おうねつびょう》からすくわれることができます。毎年《まいとし》、何十万《なんじゅうまん》という人間《にんげん》が、この黄熱病《おうねつびょう》のためにたおれて死《し》んでおります。しかし、もう安心《あんしん》です。どうか、先生《せんせい》、エクアドルにとどまってもらえませんか。先生《せんせい》のために、国立《こくりつ》の研究所《けんきゅうじょ》をたてて、また、先生《せんせい》のいままでの給料《きゅうりょう》よりも多《おお》く出《だ》しますから、エクアドルにとどまってくださいませんか。」

エクアドルの政府《せいふ》の人《ひと》たちは、懸命《けんめい》になって英世《ひでよ》にたのみました。

「ありがとうございます。お気持《きも》ちはありがたいのですが、わたしはまだ、研究所《けんきゅうじょ》にやりかけの仕事《しごと》がたくさんのこっているのです。」

英世《ひでよ》は、引《ひ》きとめるエクアドルの人《ひと》びとにお礼《れい》を言《い》いながら、また、ニューヨークへ帰《かえ》っていきました。けれど、その帰《かえ》りの船中《せんちゅう》で、英世《ひでよ》は、黄熱病《おうねつびょう》についての研究論《けんきゅうろん》文《ぶん》を、8編《ぺん》もまとめあげました。

「ノグチの努力《どりょく》には負《ま》けてしまうね。」

[2] 英世《ひでよ》が見《み》つけた病原菌《びょうげんきん》は、現在《げんざい》ではワイル病《びょう》のスピロヘータ（細菌《さいきん》の一種《いっしゅ》）であったと考《かんが》えられている。

「いつのまに、論文《ろんぶん》を書《か》いたのだろう。」

いっしょに行《い》った学者《がくしゃ》たちは、その話《はなし》を聞《き》いて、みんなおどろいてしまいました。仲間《なかま》の学者《がくしゃ》たちは、研究《けんきゅう》のつかれが出《で》て、船《ふね》の中《なか》でねていたり、遊《あそ》んでいたりしたからです。

やがて、英世《ひでよ》を乗《の》せた船《ふね》が、ニューヨークへ着《つ》きました。

ところが歓迎《かんげい》の波止場《はとば》で、メリー夫人《ふじん》から、悲《かな》しい知《し》らせを聞《き》かされました。英世《ひでよ》のお母《かあ》さんのシカが、そのころ、世界的《せかいてき》に流行《りゅうこう》したスペインかぜにかかって、亡《な》くなったというのです。英世《ひでよ》は、もう、息《いき》が止《と》まりそうになるほど、びっくりしました。

「ほ、ほんとうだろうか、お母《かあ》さんが死《し》んだなんて？」

英世《ひでよ》は信《しん》じたくありませんでした。

3年《ねん》まえ、ふるさとの三城潟《さんじょうがた》へ帰《かえ》ったとき、まだまだ、お母《かあ》さんは元気《げんき》でした。どうしても65歳《さい》で亡《な》くなったとは考《かんが》えられないことでした。

しかし、英世《ひでよ》はいつまでも、お母《かあ》さんの死《し》をなげきかなしんではいませんでした。（やさしく育《そだ》ててくれた母《はは》の教《おし》えを守《まも》って、できるだけ、これから、世《よ》の中《なか》のためにつくそう。）

英世《ひでよ》は、そう考《かんが》えて、いままでよりも、もっとはげしく研究《けんきゅう》に打《う》ちこみました。

その英世《ひでよ》に、ふたたび、黄熱病《おうねつびょう》の研究《けんきゅう》に向《む》かう仕事《しごと》があたえられました。

大正《たいしょう》8（1919）年《ねん》のことで、メキシコのメリダというところで、黄熱病《おうねつびょう》が、またま大流行《だいりゅうこう》していると言《い》うのです。

英世《ひでよ》がメキシコに着《つ》いたとき、すでに黄熱病《おうねつびょう》の流行《りゅうこう》はだいぶ落《お》ちついていました。

しかし、英世《ひでよ》は熱心《ねっしん》に研究《けんきゅう》を行《おこな》い、エクアドルで見《み》つけたのと同《おな》じ型《かた》の「レプトスピラ・イクテロイデス」と名《な》づけられる病原菌《びょうげんきん》を見《み》つけました。

英世《ひでよ》は、エクアドルでつくった血清《けっせい》のワクチンを、この地方《ちほう》でも使《つか》ってみました。

結果《けっか》は思《おも》ったとおり、成功《せいこう》でした。そのワクチンは、メリダ地方《ちほう》の黄熱病《おうねつびょう》にもききめがあることがはっきりしました。

つづいて、英世《ひでよ》は、中南米《ちゅうなんべい》にあるメキシコのユカタンや、南《みなみ》アメリカのペルーにまで出向《でむ》いて、黄熱病《おうねつびょう》とオロヤ熱《ねつ》の研究《けんきゅう》をしました。オロヤ熱《ねつ》というのは、高《たか》い熱《ねつ》や貧血《ひんけつ》の症状《しょうじょう》に苦《くる》しみ、高《たか》い確率《かくりつ》で死《し》にいたるという、たいへんおそろしい熱病《ねつびょう》です。英世《ひでよ》は、これらの研究《けんきゅう》によって、数《かぞ》えきれぬほどの多《おお》くの人《ひと》びとの命《いのち》をすくうことができました。

その手柄《てがら》に対《たい》し、エクアドル共和国《きょうわこく》の名誉陸軍軍医監《めいよりくぐんぐんいかん》と大佐《たいさ》の位《くらい》をおくられ、そのほかにも、数々《かずかず》の賞《しょう》をもらい、また、感謝《かんしゃ》の会《かい》も開《ひら》かれました。

メキシコの研究《けんきゅう》から4年《ねん》ほどすぎた大正《たいしょう》12（1923）年《ねん》のことです。英世《ひでよ》は、南《みなみ》アメリカのブラジルに、黄熱病《おうねつびょう》が流行《りゅうこう》してきたという知《し》らせを受《う》けました。

「わたしがまいりましょう。」

英世《ひでよ》は、進《すす》んで、南《みなみ》アメリカのブラジルへ出《で》かけました。バイアにある小《ちい》さな研究所《けんきゅうじょ》で、いつものあのはげしい熱心《ねっしん》さで、研究《けんきゅう》が進《すす》められていきました。そして、ブラジルでも、黄熱病《おうねつびょう》の病原体《びょうげんたい》と思《おも》われるものを、つきとめることができました。

英世《ひでよ》はあくる年《とし》までに、34編《ぺん》もの研究論文《けんきゅうろんぶん》を、学会《がっかい》で発表《はっぴょう》しました。

「野口《のぐち》ほど、ねばり強《づよ》く黄熱病《おうねつびょう》ととりくんだ医学者《いがくしゃ》はいない。野口《のぐち》こそ、世界一《せかいいち》の黄《おう》熱病学者《ねつびょうがくしゃ》だ。科学者《かがくしゃ》の名誉《めいよ》だ。」

学者《がくしゃ》たちは、こぞって、英世《ひでよ》の努力《どりょく》をほめちぎりました。

その次《つぎ》の年《とし》のことです。英世《ひでよ》の研究《けんきゅう》した黄熱病《おうねつびょう》の考《かんが》えに、反対《はんたい》をとなえる学者《がくしゃ》が出《で》てきました。

ジャマイカのキングストンというところで開《ひら》かれた熱帯病会議《ねったいびょうかいぎ》のときです。英世《ひでよ》もこの会議《かいぎ》に出《で》ていましたが、どうも、その反対《はんたい》する考《かんが》えに納得《なっとく》がいきません。

(黄熱病《おうねつびょう》の病原菌《びょうげんきん》と、ワイル病《びょう》の病原菌《びょうげんきん》とを、わたしが見《み》まちがえているというが、けっしてそんなことはない。いまに、そのちがいを明《あき》らかにしてやろう。)

英世《ひでよ》は、心《こころ》の中《なか》でちかいました。

そのような思《おも》いをいだく英世《ひでよ》に、黄熱病《おうねつびょう》はしつこくたたかいをしかけてきました。

「野口《のぐち》の黄熱病《おうねつびょう》のワクチンは、南《みなみ》アメリカではききめはあるそうだが、アフリカでは、まるできさめがない。」

「黄熱病《おうねつびょう》も、南《みなみ》アメリカのものとアフリカのものとは、当然《とうぜん》ちがうはずだ。もし、同《おな》じものなら、野口《のぐち》のつくったワクチンでも、きくはずだ。それがきかないから不思議《ふしぎ》だ。」

アフリカの医者《いしゃ》から、そういう知《し》らせがありました。

(ふうむ。アメリカとアフリカの、ふたつの型《かた》があるのかもしれないぞ。しかし、それはアフリカへ行《い》って、この目《め》で、しかとたしかめてこなければ、なんともいえない。)

英世《ひでよ》はそう考《かんが》えて、さっそく、その研究《けんきゅう》の手《て》はずを進《すす》めました。

英世《ひでよ》と親《した》しいストークス博士《はかせ》に、アフリカの西《にし》のほうにある、ゴールド・コースト(ガーナ)というところのアクラの町《まち》へ行《い》ってもらいました。

ストークス博士《はかせ》はそこで、黄熱病《おうねつびょう》の病人《びょうにん》の血液《けつえき》を、さるに注射《ちゅうしゃ》し、黄熱病《おうねつびょう》と同《おな》じ病《びょう》気《き》が起《お》こるか、どうかという実験《じっけん》を始《はじ》めました。幸《さいわ》い、その実験《じっけん》が成功《せいこう》したという知《し》らせが、ストークス博士《はかせ》からとどきました。

「よし、そのさるの血液《けつえき》をニューヨークへ送《おく》ってもらおう。」

英世《ひでよ》は、博士《はかせ》にその手紙《てがみ》を書《か》こうとしていたとき、思《おも》いがけない電報《でんぽう》を受《う》けとりました。

「なんということだ。ストークス君《くん》が、黄熱病《おうねつびょう》で死《し》んだとは……。」

英世《ひでよ》は、電報《でんぽう》を持《も》った手《て》を、ぶるぶるとふるわせて言《い》いました。

「アフリカへ行《い》こう。ストークス君《くん》の死《し》をむだにしないために、黄熱病《おうねつびょう》を、徹底的《てっていてき》に調《しら》べてやろう。」

英世《ひでよ》は、ロックフェラー医学研究所《いがくけんきゅうじょ》の所長《しょちょう》のフレクスナー博士《はかせ》に、まず、このことを話《はな》しました。いっしょに研究《けんきゅう》している仲間《なかま》の学者《がくしゃ》にも、また、メリー夫人《ふじん》にも、自《じ》分《ぶん》の決心《けっしん》をつたえました。

「むりをしてはいかん。きみはこのごろ、心臓《しんぞう》が弱《よわ》っていると言《い》っていたし、糖尿病《とうにょうびょう》もあるのではないか。アフリカのアクラは、赤道《せきどう》の真下《ました》で、いちばん体《からだ》に悪《わる》いところだ。だれか、代《か》わりの者《もの》ではいけないのか。」

みんなは、英世《ひでよ》のことを心配《しんぱい》して、アフリカ行《い》きを思《おも》いとどまらせようとしました。

「いや、わたしは行《い》きます。わたしは、なにもおそれるものはありません。わたしは、この世界《せかい》に、なにごとかをするために生《う》まれてきたのです。いつか、死《し》ぬときが来《く》るでしょうが、それまで、研究《けんきゅう》をするばかりです。」

言《い》いだしたら聞《き》かない英世《ひでよ》です。今度《こんど》も、だれがなんと言《い》って止《と》めても、やめません。

そして、アメリカからアフリカへ旅立《たびだ》っていったのは、昭和《しょうわ》2（1927）年《ねん》10月《がつ》22日《にち》のことでした。英世《ひでよ》の50歳《さい》のときでした。

わたしにはわからない

11月《がつ》の17日《にち》に、英世《ひでよ》は、いまのガーナ共和国《きょうわこく》の首都《しゅと》アクラという海岸《かいがん》の町《まち》へ上陸《じょうりく》しました。

「はるばる、よくおいでくださいました。お待《ま》ちいたしておりました。」

小《ちい》さな船着《ふなつ》き場《ば》に、ヤング博士《はかせ》や、アメリカ人《じん》の助手《じょしゅ》、現地人《げんちじん》の助手《じょしゅ》たちが十五、六人《にん》、むかえてくれました。ヤング博士《はかせ》は、このアクラにたてられている、イギリスの熱帯病研究所《ねったいびょうけんきゅうじょ》の所長《しょちょう》をしていました。

英世《ひでよ》は、研究所《けんきゅうじょ》の一室《いっしつ》に落《お》ちつくと、もう研究《けんきゅう》を始《はじ》める準備《じゅんび》にかかりました。そして、そのあくる日《ひ》から、わきめもふらず、黄熱病《おうねつびょう》の研究《けんきゅう》にとりくんでいきました。

ところが、年《とし》もかわり、元日《がんじつ》の夜《よる》、英世《ひでよ》は、黄熱病《おうねつびょう》のような症状《しょうじょう》を発症《はっしょう》しました。

けれど、高《たか》い熱《ねつ》がつづいているのに、英世《ひでよ》は、いっこうに研究《けんきゅう》をやめようとしません。

「先生《せんせい》、おやすみになってください。ごむりをなさってはいけません。」

所長《しょちょう》のヤング博士《はかせ》は、むりやりに、英世《ひでよ》を町《まち》の病院《びょういん》へ入院《にゅういん》させました。

「なに、ぼくはだいじょうぶだ。ニューヨークをたつとき、黄熱病《おうねつびょう》の血清《けっせい》の注射《ちゅうしゃ》をしてきたんだ。心配《しんぱい》はいらない。」

と、持《も》ち前《まえ》の負《ま》けん気《き》を出《だ》して、仕事《しごと》を始《はじ》めたり、助手《じょしゅ》たちに指図《さしず》をしようとしたりするからです。

幸《さいわ》い英世《ひでよ》の黄熱病《おうねつびょう》は、ひじょうに軽《かる》くて、ヤング博士《はかせ》たちをほっとさせました。

しかし、英世《ひでよ》は、病院《びょういん》でねていても、黄熱病《おうねつびょう》の研究《けんきゅう》をひとときも休《やす》もうとしませんん。自分《じぶん》の血液《けつえき》を、実験《じっけん》のために飼《か》っているさるに注射《ちゅうしゃ》したりしていました。

「野口先生《のぐちせんせい》、先生《せんせい》がご自分《じぶん》で注射《ちゅうしゃ》なさったあのさるは、今朝《けさ》がた、とうとう死《し》にました。やっぱり、黄熱病《おうねつびょう》でした。」

入院《にゅういん》して10日《とおか》あまりたってから、ヤング博士《はかせ》は、英世《ひでよ》のところに知《し》らせにきました。

「死《し》にましたか。……やっぱり、アメリカを出《で》るとき、血清注射《けっせいちゅうしゃ》をしておいたことがきいたのだな。いや、命拾《いのちびろ》いをしました。」

英世《ひでよ》は、病気《びょうき》のため、まだ黄色《きいろ》くなっている顔《かお》をほころばせて言《い》いました。

そして、正月《しょうがつ》の9日《ここのか》には、病院《びょういん》の院長《いんちょう》やヤング博士《はかせ》たちの引《ひ》きとめるのも聞《き》かず、さっさと、自分《じぶん》で退院《たいいん》してしまいました。

「野口博士《のぐちはかせ》は、無類《むるい》のがんばりやと聞《き》いていたが、これは、聞《き》きしに勝《まさ》る努力家《どりょくか》だ。」

ヤング博士《はかせ》たちは、退院《たいいん》と同時《どうじ》に、研究所《けんきゅうじょ》にとじこもった英世《ひでよ》に、ほとほと、感心《かんしん》してしまいました。

ひと月《つき》、ふた月《つき》、三月《みつき》……、英世《ひでよ》のひたむきな努力《どりょく》はつづけられ、やっと5か月目《げつめ》に、その研究《けんきゅう》の目鼻《めはな》がつきました。

「よし、この病原菌《びょうげんきん》をアメリカへ持《も》って帰《かえ》ろう。そして、設備《せつび》のととのったロックフェラー医学研究所《いがくけんきゅうじょ》で、最後《さいご》のしあげをしよう。そうすれば、何百万人《なんびゃくまんにん》というアフリ

カの人々《ひとびと》を苦《くる》しめ、ストークス博士《はかせ》を殺《ころ》した、にくむべき黄熱病《おうねつびょう》の秘密《ひみつ》をあばくことができるぞ。」

日焼《ひや》けした英世《ひでよ》の顔《かお》には、早《はや》くも黄熱病《おうねつびょう》を打《う》ちたおせるという、喜《よろこ》びの色《いろ》が見《み》えました。

そして、5月《がつ》になったばかりのある夜《よる》、その英世《ひでよ》を、アメリカへ送《おく》るためのお別《わか》れ会《かい》が、ヤング博士《はかせ》の家《いえ》で開《ひら》かれました。

ヤング博士《はかせ》は、いつも元気《げんき》な英世《ひでよ》が、みょうに、しずんでいるのに気《き》づきました。

(暑《あつ》いアフリカのなかで、とくに暑《あつ》くて、気候《きこう》の悪《わる》いアクラに、5か月《げつ》あまりもおられたので、つかれが出《で》たのだろう。)

ヤング博士《はかせ》はそう思《おも》いながらも、なんとなく心配《しんぱい》でした。

その心配《しんぱい》は、ほんとうのことになってあらわれました。

あくる日《ひ》、英世《ひでよ》は帰国《きこく》のあいさつをするため、ロックフェラーの出張所《しゅっちょうじょ》のあるラゴスという町《まち》へ出《で》かけていきました。

ラゴスの町《まち》で2日《ふつか》ほどすごした12日《にち》の朝《あさ》、英世《ひでよ》は、急《きゅう》に氷《こおり》でも当《あ》てられたように、はげしい寒《さむ》さを感《かん》じました。くちびるは青《あお》ざめ、歯《は》はカチカチと鳴《な》りました。

「せ、先生《せんせい》、どうなさったのです。」

がたがたとふるえだした英世《ひでよ》を見《み》て、英世《ひでよ》についていた研究所《けんきゅうじょ》の助手《じょしゅ》たちは顔色《かおいろ》をかえました。

黄熱病《おうねつびょう》、たしかにこれは、黄熱病《おうねつびょう》です。

熱帯病研究所《ねったいびょうけんきゅうじょ》の助手《じょしゅ》たちは、おそろしそうに、顔《かお》を見《み》あわせました。

「なに、たいしたことはないよ。それでは、わたしはアクラへもどります。」

英世《ひでよ》はなにごともないようにふるまいましたが、英世《ひでよ》の病状《びょうじょう》を心配《しんぱい》する助手《じょしゅ》たちは、英世《ひでよ》をだきかかえるようにして船《ふね》に乗《の》せました。

この船《ふね》の甲板《かんぱん》で、フィリップ博士《はかせ》といっしょにとった写真《しゃしん》が、英世《ひでよ》の最後《さいご》の姿《すがた》となりました。

船《ふね》はやっと、アクラの沖合《おきあ》いに着《つ》きました。大《おお》きな汽船《きせん》を横《よこ》づけにできないアクラの波止場《はとば》では、ここからはしけに乗《の》りかえなければなりません。

このころから、空《そら》はくもり、雨《あめ》はしだいに大《おお》ぶりになってきました。やがて、たたきつけるようなはげしい雨《あめ》は、はしけの中《なか》の英世《ひでよ》を、ぬれねずみのように、ずぶぬれにさせてしまいました。

浜辺《はまべ》にかろうじてあがった英世《ひでよ》は、もう、ものを言《い》う元気《げんき》もうしなっていました。すぐに入院《にゅういん》をし、診察《しんさつ》を受《う》けました。熱《ねつ》は40度《ど》をこえていました。明《あき》らかに黄熱病《おうねつびょう》です。

「野口博士《のぐちはかせ》を死《し》なせてはならぬ。どんなことがあっても、博士《はかせ》の命《いのち》をお守《まも》りするのだ。」

アクラの病院長《びょういんちょう》をはじめ、ヤング博士《はかせ》たちは、つきっきりで、看病《かんびょう》に当《あ》たりました。けれど、ヤング博士《はかせ》たちの手当《てあ》てにもかかわらず、英世《ひでよ》の病気《びょうき》は、日一日《ひいちにち》と重《おも》くなっていくようでした。熱《ねつ》も、いっこうにさがりません。

「まえのときとくらべ、今度《こんど》はずいぶんと重《おも》い。7日間《なのかかん》もちこたえられると、助《たす》かるのだが……。」

黄熱病《おうねつびょう》は、7日目《なのかめ》が、いちばんあぶないときです。これをぶじにこすと、命《いのち》は助《たす》かるといわれています。

しかし、英世《ひでよ》はその7日目《なのかめ》も、ただ、うとうととねむりつづけ、9日目《ここのかめ》になると、ぶるぶると、体《からだ》をふるわして、けいれんを起《お》こすようになりました。

そのけいれんが終《お》わると、英世《ひでよ》の体《からだ》は、いままでよりも、もっと悪《わる》くなりました。ときどき、「お母《かあ》さん。」「血脇先生《ちわきせんせい》。」などと、うわごとを言《い》いながら、あいかわらず、ねむったままでした。

そのそばで、ヤング博士《はかせ》は、かたときもはなれず、もしや、英世《ひでよ》が目《め》を開《あ》けはしまいかと、やせおとろえた英世《ひでよ》の顔《かお》を、じっと見守《みまも》っていました。

その英世《ひでよ》が、ふと、目《め》を開《あ》けました。

「あ、ヤング所長《しょちょう》……あなたはだいじょうぶですか。」

英世《ひでよ》は、聞《き》きとれないような細《ほそ》い声《こえ》で言《い》いました。

「だ、だいじょうぶです。だいじょうぶです、博士《はかせ》。」

ヤング博士《はかせ》は、英世《ひでよ》の耳《みみ》に口《くち》をおしつけんばかりにして言《い》いました。

すると、英世《ひでよ》は、やわらかな広《ひろ》いまくらの中《なか》でうなずくと、

「わたしには、わからない。」

と、小《ちい》さく、一言《ひとこと》つぶやきました。

「わたしには、わからない。」

これが、英世《ひでよ》がこの世《よ》にのこした、最後《さいご》の言葉《ことば》でした。

次《つぎ》の日《ひ》の正午《しょうご》、英世《ひでよ》は、ねむったまま、息《いき》を引《ひ》きとりました。昭和《しょうわ》3(1928)年《ねん》5月《がつ》21日《にち》、英世《ひでよ》の51歳《さい》のときでした。

野口英世《のぐちひでよ》の死《し》は、世界中《せかいじゅう》につたわりました。全世界《ぜんせかい》の人《ひと》びとは、偉大《いだい》なる学者《がくしゃ》、野《の》口英世博士《ぐちひでよはかせ》の死《し》に、どれほどおどろき、なげき、悲《かな》しんだことでしょう。

黄熱病《おうねつびょう》の病原菌《びょうげんきん》を研究中《けんきゅうちゅう》、その黄熱病《おうねつびょう》のために、命《いのち》をささげてたおれたからです。

黄熱病《おうねつびょう》のぎせいは、まだつづきました。最後《さいご》まで、英世《ひでよ》につきそったヤング博士《はかせ》

も、英世《ひでよ》が死《し》んで9日目《ここのかめ》に、黄熱病《おうねつびょう》のために、急《きゅう》に亡《な》くなりました。人《ひと》びとは、また、あらたな悲《かな》しみにつつまれました。

やがて、英世《ひでよ》のなきがらは、アメリカへ送《おく》られ、ロックフェラー医学研究所《いがくけんきゅうじょ》で、りっぱなお葬式《そうしき》が行《おこな》われました。そして、遺体《いたい》は、ニューヨークのウッドローンの墓地《ぼち》におさめられました。

いっぽう、日本《にっぽん》でも、英世《ひでよ》の死《し》をいたみ、勲二等旭日重光章《くんにとうきょくじつじゅうこうしょう》という、すぐれた働《はたら》きをした人《ひと》におくられる勲章《くんしょう》がさずけられました。また、フランス政府《せいふ》からも、防疫功労章《ぼうえきこうろうしょう》の金章《きんしょう》という、病気《びょうき》をふせぐ仕事《しごと》につくした人《ひと》におくる最高賞《さいこうしょう》がおくられました。

昭和《しょうわ》4(1929)年《ねん》に、メリー夫人《ふじん》から、英世《ひでよ》の遺髪《いはつ》が、日本《にっぽん》へ送《おく》られてきました。英世《ひでよ》が昔《むかし》南米《なんべい》へ研究旅行《けんきゅうりょこう》に出《で》かけるまえ、メリー夫人《ふじん》が、英世《ひでよ》の髪《かみ》を手入《てい》れしたときに、ぐうぜん、のこしておいたものでした。

遺髪《いはつ》は、英世《ひでよ》の生《う》まれた家《いえ》の庭《にわ》にたつ、「野口英世博士誕生地《のぐちひでよはかせたんじょうち》」の碑《ひ》の下《した》に、略歴《りゃくれき》をきざんだ銅板《どうばん》とともにほうむられました。

いま、英世《ひでよ》の生《う》まれた三城潟《さんじょうがた》の家《いえ》は、そのままのこされ、庭《にわ》には、漢字《かんじ》で「忍耐《にんたい》」と、英文《えいぶん》で「正直《しょうじき》は最良《さいりょう》の方策《ほうさく》」、フランス語《ご》で、「忍耐《にんたい》は苦《にが》し、しかれどもその実《み》はあまし」と、英世《ひでよ》の書《か》いた字《じ》をほった記念碑《きねんひ》がたてられています。

そしてまた、世界《せかい》にほこる大医学者《だいいがくしゃ》野口英世博士《のぐちひでよはかせ》のたゆまぬ努力《どりょく》と、人類《じんるい》につくした一生《いっしょう》をたたえるための、記念館《きねんかん》[3]もたてられました。


（終《お》わり）

[3] 野口英世《のぐちひでよ》の死《し》から11年後《ねんご》の昭和《しょうわ》14（1939）年《ねん》、英世《ひでよ》の故郷《こきょう》である三城潟《さんじょうがた》（現在《げんざい》の耶麻郡猪苗代町《やまぐんいなわしろまち》）に野口英世記念館《のぐちひでよきねんかん》が完成《かんせい》した。いまも多《おお》くの人《ひと》がおとずれている。

本書《ほんしょ》は講談社火《こうだんしゃひ》の鳥伝記文庫《とりでんきぶんこ》『野口英世《のぐちひでよ》』（1981年《ねん》11月《がつ》19日初版《にちしょはん》）を底本《ていほん》に、新《あたら》しい資料《しりょう》に基《もと》づいて内容《ないよう》の改訂《かいてい》を行《おこな》い、一部《いちぶ》の文字《もじ》づかい、表現《ひょうげん》などを読《よ》みやすくあらためたものです。また、今日《こんにち》では適切《てきせつ》でないことばも見《み》うけられますが、作品《さくひん》の発表《はっぴょう》された当時《とうじ》の時代背景《じだいはいけい》を考慮《こうりょ》し、そのままとしました。

野口英世《のぐちひでよ》の年表《ねんぴょう》

年代《ねんだい》	年齢《ねんれい》	できごと	世《よ》の中《なか》の動《うご》き
1876（明治《めいじ》9）	0歳《さい》	11月《がつ》9日《ここのか》、福島県《ふくしまけん》耶麻郡《やまぐん》三ツ和村《みつわむら》三城潟《さんじょうがた》に生《う》まれる。清作《せいさく》と名《な》づけられる。	ベルが磁石式電話機《じしゃくしきでんわき》を発明《はつめい》する。
1878（明治《めいじ》11）	1歳《さい》	4月《がつ》、いろりに落《お》ちて左手足《ひだりてあし》をやけどする。	
1883（明治《めいじ》16）	6歳《さい》	三ツ和村《みつわむら》三ツ和小学校《みつわしょうがっこう》に入学《にゅうがく》。	
1889（明治《めいじ》22）	12歳《さい》	3月《がつ》、温習科卒業《おんしゅうかそつぎょう》。4月《がつ》、猪苗代高等小学校《いなわしろこうとうしょうがっこう》に入学《にゅうがく》する。	帝国憲法公布《ていこくけんぽうこうふ》。北里柴三郎《きたさとしばさぶろう》、破傷風菌《はしょうふうきん》の純粋培養《じゅんすいばいよう》に成功《せいこう》。
1892（明治《めいじ》25）	15歳《さい》	10月《がつ》、若松《わかまつ》の会陽医院《かいよういいん》で左手《ひだりて》の手術《しゅじゅつ》を受《う》ける。	
1893（明治《めいじ》26）	16歳《さい》	猪苗代高等小学校卒業《いなわしろこうとうしょうがっこうそつぎょう》。5月《がつ》、会陽医院《かいよういいん》の書生《しょせい》となる。	エジソン、映写機《えいしゃき》を公開《こうかい》する。
1895（明治《めいじ》28）			レントゲン、X線《エックスせん》を発見《はっけん》。
1896（明治《めいじ》29）	19歳《さい》	9月《がつ》終《お》わり、上京《じょうきょう》する。10月《がつ》、医術開業前期《いじゅつかいぎょうぜんき》試験《しけん》に合格《ごうかく》する。	

1897（明治《めいじ》30）	20歳《さい》	済生学舎《さいせいがくしゃ》に入学《にゅうがく》、10月《がつ》、医術開業後期試験《いじゅつかいぎょうこうきしけん》に合格《ごうかく》。高山歯科医学院《たかやましかいがくいん》の講師《こうし》となる。11月《がつ》、順天堂医院《じゅんてんどういいん》の助手《じょしゅ》となる。	
1898（明治《めいじ》31）	21歳《さい》	4月《がつ》、伝染病研究所《でんせんびょうけんきゅうじょ》の助手《じょしゅ》となる。8月《がつ》、英《ひで》世《よ》と改名《かいめい》する。	キュリー夫妻《ふさい》、ラジウムを発見《はっけん》。
1899（明治《めいじ》32）	22歳《さい》	1月《がつ》、『病理学的細菌学的検究術式綱要《びょうりがくてきさいきんがくてきけんきゅうじゅつしきこうよう》』を出版《しゅっぱん》。5月《がつ》、海港検疫医官補《かいこうけんえきいかんほ》になり、6月《がつ》に、ペスト患者《かんじゃ》を発見《はっけん》する。	
1900（明治《めいじ》33）	24歳《さい》	12月《がつ》、アメリカにわたり、フレクスナー博士《はかせ》の助手《じょしゅ》となる。	
1901（明治《めいじ》34）	24歳《さい》	1月《がつ》、へび毒《どく》の研究《けんきゅう》を始《はじ》める。	第《だい》1回《かい》ノーベル賞授与《しょうじゅよ》。
1902（明治《めいじ》35）	25歳《さい》	10月《がつ》、ペンシルベニア大学病理学助手《だいがくびょうりがくじょしゅ》となる。	
1903（明治《めいじ》36）	26歳《さい》	ペンシルベニア大学病理学上席助手《だいがくびょうりがくじょうせきじょしゅ》となる。10月《がつ》、カーネギー学院研究所助手《がくいんけんきゅうじょじょしゅ》となる。デンマークに留学《りゅうがく》する。	
1904（明治《めいじ》37）	27歳《さい》	10月《がつ》、帰米《きべい》し、ロックフェラー医学研究所一等助手《いがくけんきゅうじょいっとうじょしゅ》となる。	日露戦争《にちろせんそう》が起《お》こる。

1907（明治《めいじ》40）	30歳《さい》	6月《がつ》、ペンシルベニア大学《だいがく》から、マスター・オブ・サイエンスの学位《がくい》を受《う》ける。	湯川秀樹《ゆかわひでき》が生《う》まれる。
1909（明治《めいじ》42）	32歳《さい》	「ノグチ酪酸《らくさん》テスト」による新《あたら》しい梅毒《ばいどく》の診断法《だんほう》を発見《はっけん》する。	
1911（明治《めいじ》44）	34歳《さい》	2月《がつ》、京都帝国大学《きょうとていこくだいがく》より医学博士《いがくはくし》の学位《がくい》を受《う》ける。4月《がつ》、メリー・ダージスと結婚《けっこん》する。	アムンゼン、南極《なんきょく》に達《たっ》する。
1913（大正《たいしょう》2）	36歳《さい》	進行性《しんこうせい》まひおよび脊髄癆患者《せきずいろうかんじゃ》の脳内《のうない》に梅毒《ばいどく》スピロヘータ・パリーダの存在《そんざい》を証明《しょうめい》する。	
1914（大正《たいしょう》3）	37歳《さい》	4月《がつ》、東京帝国大学《とうきょうていこくだいがく》から理学博士《りがくはくし》の学位《がくい》を受《う》ける。7月《がつ》、ロックフェラー医学研究所《いがくけんきゅうじょ》の正員《せいいん》に昇進《しょうしん》する。	
1915（大正《たいしょう》4）	38歳《さい》	7月《がつ》、帝国学士院《ていこくがくしいん》から恩賜賞《おんししょう》をさずけられる。9月《がつ》〜11月《がつ》、日本《にっぽん》に滞在《たいざい》。	
1916（大正《たいしょう》5）			アインシュタイン、一般《いっぱん》相対性理論《そうたいせいりろん》を完成《かんせい》。
1918（大正《たいしょう》7）	42歳《さい》	6月《がつ》、黄熱病《おうねつびょう》の研究《けんきゅう》のため、エクアドルに行《い》く。11月《がつ》10日《とおか》、母《はは》シカ（65歳《さい》）亡《な》くなる。	

1922（大正《たいしょう》11）	45歳《さい》	5月《がつ》、血脇守之助《ちわきもりのすけ》がアメリカをおとずれ、英世《ひでよ》の案内《あんない》を受《う》ける。	
1924（大正《たいしょう》13）	47歳《さい》	フランスからレジオン・ド・ヌール勲章《くんしょう》をおくられる。	
1925（大正《たいしょう》14）	48歳《さい》	コーベル賞牌《しょうはい》を受《う》ける。パリ大学《だいがく》から学位《がくい》を受《う》ける。	東京《とうきょう》にラジオ放送局《ほうそうきょく》ができる。
1926（大正《たいしょう》15）（昭和《しょうわ》1）	49歳《さい》	オロヤ熱病原体《ねつびょうげんたい》を発表《はっぴょう》する。	
1927（昭和《しょうわ》2）	50歳《さい》	トラコーマ病原体《びょうげんたい》を発表《はっぴょう》する。10月《がつ》、アフリカに行《い》く。	東京《とうきょう》の上野《うえの》―浅草《あさくさ》間《かん》に地下鉄《ちかてつ》ができる。
1928（昭和《しょうわ》3）	51歳《さい》	5月《がつ》21日《にち》、アクラ（現在《げんざい》のガーナ共和国《きょうわこく》）にて病死《びょうし》。勲二等旭日重光章《くんにとうきょくじつじゅうこうしょう》をさずけられる。	

野口英世《のぐちひでよ》をめぐる歴史人物伝《れきしじんぶつでん》

日本《にっぽん》の予防医学《よぼういがく》を切《き》りひらいた細菌学者《さいきんがくしゃ》

北里柴三郎《きたさとしばさぶろう》

1853-1931年《ねん》

肥後《ひご》の国《くに》(現在《げんざい》の熊本県《くまもとけん》)阿蘇郡《あそぐん》の生《う》まれ。両親《りょうしん》のすすめで熊本医学校《くまもといがっこう》に入《はい》る。はじめて顕微鏡《けんびきょう》で人間《にんげん》の体《からだ》の組織《そしき》を見《み》て感動《かんどう》し、医学《いがく》の道《みち》に進《すす》むことを決心《けっしん》した。

21歳《さい》のときに東京医学校《とうきょういがっこう》(現在《げんざい》の東京大学《とうきょうだいがく》医学部《いがくぶ》)に入学《にゅうがく》し、病人《びょうにん》をなおす医学《いがく》も大事《だいじ》だが、病気《びょうき》の予防《よぼう》はもっと大事《だいじ》なことと考《かんが》え、内務省衛生局《ないむしょうえいせいきょく》(現在《げんざい》の厚生労働省《こうせいろうどうしょう》)につとめる。その後《ご》ドイツに留学《りゅうがく》して、細菌《さいきん》の研究《けんきゅう》を行《おこな》った。ドイツでは、結核菌《けっかくきん》を発見《はっけん》したロベルト・コッホのもとで勉強《べんきょう》し、破傷風菌《はしょうふうきん》の研究《けんきゅう》で血清療法《けっせいりょうほう》を確立《かくりつ》し、予防《よぼう》と治療《ちりょう》に成功《せいこう》する。さらに、ジフテリア菌《きん》やペスト菌《きん》でも血清《けっせい》による予防法《よぼうほう》の研究《けんきゅう》にとりくみ、世界的《せかいてき》な学者《がくしゃ》となった。

日本人初《にほんじんはつ》のノーベル賞候補者《しょうこうほしゃ》にもなり、帰国後《きこくご》は伝染病研究所《でんせんびょうけんきゅうじょ》を開《ひら》くなど、日本《にっぽん》の予防医学《よぼういがく》の発展《はってん》に力《ちから》をつくした。野口英世《のぐちひでよ》はこの伝染病研究所《でんせんびょうけんきゅうじょ》に助手《じょしゅ》として入《はい》り、アメリカへ行《い》くきっかけをつかんだ。

英世《ひでよ》をささえつづけた恩師《おんし》・後援者《こうえんしゃ》

血脇守之助《ちわきもりのすけ》

1870-1947年《ねん》

現在《げんざい》の千葉県我孫子市《ちばけんあびこし》に生《う》まれる。尋常《じんじょう》小学校時代《しょうがっこうじだい》は、まじめで勉強《べんきょう》もよくできたため、ふつうより半年《はんとし》も早《はや》く卒業《そつぎょう》した。

上京《じょうきょう》して、学校《がっこう》を転々《てんてん》としたあと、慶應《けいおう》義塾《ぎじゅく》を卒業《そつぎょう》。新聞記者《しんぶんきしゃ》や英語《えいご》の先生《せんせい》をしたが、歯科医《しかい》を目指《めざ》して、現在《げんざい》の東京都港区《とうきょうとみなとく》にあった高山歯科医学院《たかやましかいがくいん》に入《はい》った。

この学校《がっこう》は、アメリカで歯科医学《しかいがく》を学《まな》んだ高山紀齋《たかやまきさい》が、明治《めいじ》23(1890)年《ねん》につくった、日本《にっぽん》ではじめての歯科専門《しかせんもん》の医学校《いがっこう》で、守之助《もりのすけ》は25歳《さい》で歯科医師《しかいし》の資格《しかく》をとり、教《きょう》師《し》をつとめながら、学院《がくいん》の運営《うんえい》にも参加《さんか》した。守之助《もりのすけ》をたよって上京《じょうきょう》してきた英世《ひでよ》の面倒《めんどう》をみたのは、このころのこと。

30歳《さい》になった守之助《もりのすけ》は、広《ひろ》く世界《せかい》の医学《いがく》のことを知《し》りたいと思《おも》い、学院《がくいん》をやめて台《タイ》湾《ワン》に行《い》こうとした。ところが、まわりの人《ひと》たちが引《ひ》きとめ、高山院長《たかやまいんちょう》は「きみが出《で》ていくなら、学院《がくいん》をつぶす」とまで言《い》いだしたので、守之助《もりのすけ》はしぶしぶ台湾《タイワン》に行《い》くのをとりやめ、学院《がくいん》を引《ひ》きつぐことになった。

その後《ご》、東京歯科医専《とうきょうしかいせん》と名前《なまえ》をかえ、守《もり》之助《のすけ》は校長《こうちょう》をつとめる。現在《げんざい》は東京歯科大《とうきょうしかだい》学《がく》という名前《なまえ》になっている。

史上最高《しじょうさいこう》の大富豪《だいふごう》

ロックフェラー

1839-1937年《ねん》

アメリカ東部《とうぶ》のまずしい家《いえ》に生《う》まれた。行商人《ぎょうしょうにん》の父親《ちちおや》は、家《いえ》にいないことが多《おお》く、6人兄弟《にんきょうだい》の2番目《ばんめ》のロックフェラーは、母《はは》親《おや》を手《て》つだい、弟《おとうと》や妹《いもうと》の面倒《めんどう》をみた。

まじめな少年《しょうねん》で、高校生《こうこうせい》のときは勉強《べんきょう》もよくでき、とくに数学《すうがく》の成績《せいせき》がよかった。大学《だいがく》へは行《い》かず、簿記《ぼき》（お金《かね》などの出入《でい》りを記録《きろく》する技術《ぎじゅつ》）を勉強《べんきょう》し、16歳《さい》ではたらきはじめた。そして、20歳《さい》のときに友《とも》だちと会社《かいしゃ》をつくり、石油《せきゆ》に目《め》をつける。

当時《とうじ》、ランプなどに使《つか》う油《あぶら》は鯨油《げいゆ》だったが、石油《せきゆ》からつくる灯油《とうゆ》の将来性《しょうらいせい》に目《め》をつけ、石油《せきゆ》の精製工場《せいせいこうじょう》をつくり、順調《じゅんちょう》に事業《じぎょう》を発展《はってん》させていく。そして、31歳《さい》のときにおこしたスタンダード石油会社《せきゆがいしゃ》は、アメリカ最大《さいだい》の会社《かいしゃ》に成長《せいちょう》した。ロックフェラー財閥《ざいばつ》の始祖《しそ》。

わかいころから収入《しゅうにゅう》の10パーセントを教《きょう》会《かい》に寄付《きふ》していたが、金持《かねも》ちになるにしたがい、寄付《きふ》の額《がく》もどんどんふえ、それは教《きょう》育《いく》や医学《いがく》、公衆衛生《こうしゅうえいせい》のために使《つか》われた。英《ひで》世《よ》が研究《けんきゅう》したロックフェラー医学研究所《いがくけんきゅうじょ》もそのひとつで、創立以来《そうりついらい》ノーベル賞受賞者《しょうじゅしょうしゃ》が20人以上《にんいじょう》も輩出《はいしゅつ》している。

英世《ひでよ》とともに
へび毒《どく》を研究《けんきゅう》

フレクスナー

1863－1946年《ねん》

19世紀《せいき》の終《お》わりごろは、細菌学《さいきんがく》、つまり、病気《びょうき》の原因《げんいん》となる微生物《びせいぶつ》を見《み》つけ、病気《びょうき》をなおす方法《ほうほう》を考《かんが》える研究《けんきゅう》は、始《はじ》まったばかりだった。その研究《けんきゅう》をおしすすめ、時代《じだい》を切《き》りひらいた人物《じんぶつ》のひとりが、アメリカ人《じん》のフレクスナーだ。

かれは大学《だいがく》を出《で》ると、ヨーロッパにわたって、ドイツの大学《だいがく》や、フランスのパスツール研究所《けんきゅうじょ》で学《まな》んだ。この研究所《けんきゅうじょ》をつくったのは、ルイ・パスツール。うつる病《びょう》気《き》の原因《げんいん》が、微生物《びせいぶつ》であることを発見《はっけん》し、その微生物《びせいぶつ》の毒《どく》を弱《よわ》めて、体内《たいない》にとりいれることで、病気《びょうき》を予防《よぼう》するワクチンを開発《かいはつ》するなど、医学《いがく》の発展《はってん》につくした人物《じんぶつ》だ。

帰国後《きこくご》、フレクスナーは、3つの大学《だいがく》で教《おし》えたあと、ニューヨークにロックフェラー医学研究所《いがくけんきゅうじょ》ができると、1903年《ねん》、40歳《さい》で初代研究部長《しょだいけんきゅうぶちょう》となり、その後《ご》、所長《しょちょう》をつとめた。

赤痢菌《せきりきん》の一種《いっしゅ》のフレクスナー菌《きん》を発見《はっけん》し、とつぜんやってきた野口英世《のぐちひでよ》とへびの毒《どく》について共同《きょうどう》で研究《けんきゅう》。また、脳脊髄膜炎《のうせきずいまくえん》をなおす血清《けっせい》をつくり、小児《しょうに》まひのウイルスの培養《ばいよう》（育《そだ》ててふやすこと）にも成功《せいこう》した。

日本《にっぽん》の製薬王《せいやくおう》

星《ほし》 一《はじめ》

1873-1951年《ねん》

福島県《ふくしまけん》の豊《ゆた》かな農家《のうか》の家《いえ》に生《う》まれる。東《とう》京商業学校《きょうしょうぎょうがっこう》（現在《げんざい》の東京学園高等学校《とうきょうがくえんこうとうがっこう》）を出《で》たあとアメリカへわたり、コロンビア大学《だいがく》で経済学《けいざいがく》と統計学《とうけいがく》を学《まな》ぶ。12年間《ねんかん》のアメリカでの生活《せいかつ》のなかで、薬局《やっきょく》で薬《くすり》を買《か》い、病《びょう》気《き》が軽《かる》いうちになおっていたことから、帰《き》国《こく》すると、世《よ》の中《なか》のために、薬《くすり》をつくる事《じ》業《ぎょう》をやろうと決意《けつい》した。

最初《さいしょ》につくった湿布薬《しっぷやく》「イヒチオール」は大当《おおあ》たり。これでもうけたお金《かね》で製薬会《せいやくがい》社《しゃ》、星製薬《ほしせいやく》をおこした。明治《めいじ》44（1911）年《ねん》、38歳《さい》のときだった。その後《ご》、麻酔薬《ますいやく》のモルヒネや、マラリアの特効薬《とっこうやく》キニーネの生産《せいさん》に成功《せいこう》し、日本《にっぽん》の製薬王《せいやくおう》とよばれる。

第一次世界大戦後《だいいちじせかいたいせんご》、敗戦国《はいせんこく》ドイツがこまっていることを知《し》ると、日本《にっぽん》は明治維新《めいじいしん》後《ご》、ドイツから多《おお》くのことを学《まな》んだので、恩返《おんがえ》しをしなければならないと、いまのお金《かね》で20億円《おくえん》をこえる援助《えんじょ》をしたり、国会議《こっかいぎ》員《いん》として活動《かつどう》したりもした。

また、人材《じんざい》を育《そだ》てるために学校《がっこう》をつくり、有望《ゆうぼう》な学者《がくしゃ》が活躍《かつやく》できるよう援助《えんじょ》した。野《の》口英世《ぐちひでよ》はそのひとりである。

なお、有名《ゆうめい》なＳＦ《エスエフ》作家《さっか》の星新一《ほししんいち》は長男《ちょうなん》。

東京《とうきょう》で出会《であ》った英世《ひでよ》の最良《さいりょう》の友《とも》

石塚三郎《いしづかさぶろう》

1876-1958年《ねん》

新潟県生《にいがたけんう》まれの石塚《いしづか》は、英世《ひでよ》と同《おな》い年《どし》。明治《めいじ》30（1897）年《ねん》4月《がつ》、先《さき》に英世《ひでよ》が入《はい》っていた高山歯科医学院《たかやましかいがくいん》に入《はい》り、同《おな》じ部《へ》屋《や》で生活《せいかつ》をした。石塚《いしづか》も農家《のうか》の生《う》まれで、旧家《きゅうか》で奉公《ほうこう》しながら勉強《べんきょう》をつづけ、17歳《さい》のとき、主人《しゅじん》の命令《めいれい》で医師《いし》になることを目指《めざ》して上京《じょうきょう》する。しかし、体《からだ》をこわしていったん国《くに》に帰《かえ》り、3年後《ねんご》にもう一度《いちど》上京《じょうきょう》し、翌年《よくねん》に高山歯科医学院《たかやましかいがくいん》に入《はい》った。

英世《ひでよ》が医師《いし》の試験《しけん》に合格《ごうかく》すると、次《つぎ》の年《とし》には石塚《いしづか》も歯科医師《しかいし》の試験《しけん》に合格《ごうかく》。そして、ともに学院《がくいん》の先生《せんせい》として協力《きょうりょく》しあった。英《ひで》世《よ》が学院《がくいん》をはなれたあとも、石塚《いしづか》は学院《がくいん》の幹事《かんじ》となって、院長《いんちょう》の血脇守之助《ちわきもりのすけ》をささえつづけた。

明治《めいじ》33（1900）年《ねん》、ふるさと新潟県《にいがたけん》の長岡《ながおか》で、歯科医院《しかいいん》を開業《かいぎょう》。その後《ご》、市議《しぎ》会議員《かいぎいん》になり、衆議院議員《しゅうぎいんぎいん》にもなった。

英世《ひでよ》がアフリカで亡《な》くなると、かれの仕《し》事《ごと》をたたえる野口英世記念会《のぐちひでよきねんかい》の設立《せつりつ》に参《さん》加《か》、のちに理事長《りじちょう》になり、東京《とうきょう》の自分《じぶん》の土《と》地《ち》を会《かい》のために提供《ていきょう》するなど力《ちから》をつくした。

また、写真家《しゃしんか》としても腕《うで》をふるい、りっぱな作品《さくひん》をのこしている。

著者紹介
滑川道夫　なめかわ みちお
教育学者、児童文学作家。1906年秋田県生まれ。秋田師範学校、日大高等師範国漢科卒業。成蹊学園、東京女子大学などの講師、東京成徳短期大学教授を歴任。著書に『日本児童文学の軌跡』『少年少女のための文学入門』『桃太郎像の変容』、編著に『少年少女つづり方作文全集全10巻』など。毎日出版文化賞、日本児童文学学会賞、産経児童出版文化賞などを受賞。教育学博士。1992年死去。

画家紹介
藤原徹司　ふじはら てつじ（テッポー・デジャイン。）
絵本作家、イラストレーター。1976年埼玉県生まれ。絵本のほか、雑誌や書籍の挿画でも活躍中。おもな作品に『ことば絵本 明日のカルタ』（倉本美津留）、『秋山善吉工務店』（中山七里）、『きみが世界を変えるなら』（石井光太）、『こうじょう たんけん たべもの編』（日本図書館協会選定書）、『東京まちがいさがし』がある。第1回 東京装画賞「銀の本賞」受賞、ワルシャワ国際ポスタービエンナーレ 2014 入選。

監修――――――――公益財団法人野口英世記念会
人物伝執筆―――――八重野充弘《やえのみつひろ》
人物伝イラスト――――黒須高嶺《くろすたかね》
口絵写真――――――公益財団法人野口英世記念会
編集――――――――オフィス303

講談社 火の鳥伝記文庫　5

野《の》口《ぐち》英《ひで》世《よ》（新装版《しんそうばん》）

滑川《なめかわ》道《みち》夫《お》 文

1981年11月19日　第1刷発行
2016年9月7日　第71刷発行
2017年10月18日　新装版第1刷発行

発行者――――――鈴木　哲
発行所――――――株式会社講談社
東京都文京区音羽2-12-21　郵便番号112-8001
電話　編集（03）5395-3536
販売（03）5395-3625
業務（03）5395-3615

ブックデザイン――――祖父江 慎＋福島よし恵（コズフィッシュ）
印刷・製本―――――図書印刷株式会社
本文データ制作―――講談社デジタル製作

N.D.C. 289　186p　18cm
Printed in Japan
ISBN978-4-06-149918-8

講談社《こうだんしゃ》 火《ひ》の鳥《とり》伝記《でんき》文庫《ぶんこ》 新装版《しんそうばん》によせて

火《ひ》の鳥《とり》は、世界中《せかいじゅう》の神話《しんわ》や伝説《でんせつ》に登場《とうじょう》する光《ひかり》の鳥《とり》です。灰《はい》のなかから何度《なんど》でもよみがえり、永遠《えいえん》の命《いのち》をもつといわれています。

伝記《でんき》に描《えが》かれている人々《ひとびと》は、人類《じんるい》や社会《しゃかい》の発展《はってん》に役立《やくだ》つすばらしい成果《せいか》を後世《こうせい》に残《のこ》した人々《ひとびと》です。みなさんにとっては、遠《とお》くまぶしい存在《そんざい》かもしれません。

しかし、かれらがかんたんに成功《せいこう》したのではないことは、この本《ほん》を読《よ》むとよくわかります。

一生懸命《いっしょうけんめい》取《と》り組《く》んでもうまくいかないとき、自分《じぶん》のしたいことがわからないとき、そして将来《しょうらい》のことを考《かんが》えるとき、みなさんを励《はげ》ましてくれるのは、先《さき》を歩《ある》いていった先輩《せんぱい》たちの努力《どりょく》するすがたや、失敗《しっぱい》の数々《かずかず》です。火《ひ》の鳥《とり》はかれらのなかにいて、くじけずチャレンジする力《ちから》となったのです。

伝記《でんき》のなかに生《い》きる人々《ひとびと》を親《した》しく感《かん》じるとき、みなさんの心《こころ》のなかに火《ひ》の鳥《とり》が羽《は》ばたいて将来《しょうらい》への希望《きぼう》を感《かん》じられることを願《ねが》い、この本《ほん》を贈《おく》ります。

２０１７年《ねん》10月《がつ》

講談社《こうだんしゃ》

野口英世